W0283071

Sigrid Rausing

DESASTER

Aus dem Englischen von
Adelheid Zöfel

S. FISCHER

Für L, S, J und T

MIX
Papier aus verantwortungsvollen Quellen
FSC® C083411

Erschienen bei S. FISCHER

Die Originalausgabe erschien erstmals 2017
unter dem Titel ›Mayhem‹ bei Hamish Hamilton
in Großbritannien und bei Alfred A. Knopf in den USA.
© 2017 Sigrid Rausing

Für die deutschsprachige Ausgabe:
© 2018 S. Fischer Verlag GmbH,
Hedderichstr. 114, D-60596 Frankfurt am Main

Satz: Dörlemann Satz, Lemförde
Druck und Bindung: CPI books GmbH, Leck
Printed in Germany
ISBN 978-3-10-397219-1

Vielleicht wollte man weniger geliebt
als vielmehr verstanden werden.

– George Orwell, *1984*

1

Nun, da alles vorbei ist, merke ich, wie ich immer wieder über die Familiengeschichte und über Familienerinnerungen nachdenke, über die Erzählungen, die eine Familie zusammenhalten, und die Handlungen, die sie zerreißen können.

Ich habe lange geglaubt, dass nichts, was man tut, irreversibel ist, dass man, alles in allem, Entscheidungen und Fehler korrigieren kann. Inzwischen weiß ich es: Bestimmte Handlungen können nicht rückgängig gemacht werden, und man wird durch sie in Welten geführt, von denen man nie geträumt hätte.

*

In *Ein Traumspiel,* August Strindbergs Stück von 1902, kommt eine Zeile immer wieder vor: »Det är synd om människorna.« Gesprochen wird der Satz von der Tochter des Gottes Indra, die auf die Erde hinabsteigt, weil sie die Menschen und ihr selbstverschuldetes Elend besser verstehen will. Der Satz ist nicht leicht zu übersetzen. »Die Menschen, sie sind zu bedauern«, heißt es in der Übersetzung von Christel Hildebrandt. *Det är synd om människorna*. Und von all den Schmerzen, die wir Menschen uns selbst zufügen, ist die Sucht, so scheint es mir, einer der tragischsten. Wer kann den Süchtigen helfen, die verzehrt werden von einem unerträglichen, beschämenden Hunger, von einem Verlangen, das nicht zu kontrollieren ist? Es gibt keine Medizin: Die Drogen *sind* die Medizin.

Und wer steht den Familien bei, die so unentrinnbar in die Selbstzerstörung der Süchtigen verwickelt sind? Wer kann helfen, wenn »Hilfe« zu einem Synonym für Machtausübung wird und in der Wahrnehmung der Süchtigen ein familiärer Polizeistaat entsteht, der das Ende ihrer Freiheit bedeutet?

Dieses Buch handelt davon, was es heißt, Zeuge einer Sucht zu werden. In gewisser Hinsicht ist es eine ganz normale Geschichte: Zwei Menschen, Hans und Eva, mein Bruder und seine Frau, lernen sich in einer Entzugsklinik kennen, sie verlieben sich ineinander, heiraten und bekommen Kinder, dann haben sie einen Rückfall. Er überlebt, sie nicht. Suchtgeschichten sind alle gleich, überall auf der Welt – die Individualität der Süchtigen verschwindet hinter dem vorhersagbaren Verlauf von Krankheit und Genesung.

Was unsere Geschichte anders macht, ist die Tatsache, dass sie sich so stark in der Öffentlichkeit abgespielt hat. Den scheinbar freiwilligen körperlichen und geistigen Verfall eines geliebten Menschen mitzuerleben tut unsäglich weh, und in dem Zusammenhang spielt es keine Rolle, ob die Geschichte öffentlich ist oder nicht: Trauer und Angst sind dermaßen überwältigend, dass Schlagzeilen irrelevant werden. Aber du willst trotzdem nicht, dass die Medien deine Lebensgeschichte an sich reißen.

Allein das kann schon ein guter Grund sein, ein Buch zu schreiben. Aber ich habe außerdem immer gedacht, dass es bei dramatischen Ereignissen ein Narrativ mit einer Schlussfolgerung gibt, eine Erzählung, die man dann im Familienarchiv abheftet. Sie wird erzählt, vermutlich von Anwälten; Tatsachen werden aufgedeckt, und kommende Familiengenerationen erfahren, was sich abgespielt hat.

Aber wie sich herausstellt, hat niemand die Tatsachen zusammengetragen. Es gab keine Timeline, kein kohärentes Familiennarrativ. Und das, obwohl Hans' und Evas Krankheit das Schlimmste war, was uns je widerfahren ist. Die Krankheit zerrte uns, in Zeitlupe, hinab in die Unterwelt stummer Schmerzen, ins Reich plötzlicher Zusammenbrüche und gespenstischer Wahnvorstellungen. Es gab unzählige Runden mit grässlichen Diskussionen, es gab zeitraubende, komplizierte E-Mail-Korrespondenzen, endlose Gutachten und Gespräche, Termine mit Psychiatern, Therapeuten und Suchtexperten jeder Art. Ich fing an, beständig über das Wesen der Familie nachzudenken, über die Grenzen unserer Verantwortung füreinander. Und darüber, wer wir waren und wer wir geworden sind.

Hans und Eva haben 1992 geheiratet. Es war der Höhepunkt ihres Gesundungsprozesses, der schon viele Jahre anhielt. Sie hatten Zwölf-Schritte-Programme mitgemacht, sie hatten »Sponsoren«, also Betreuer; wahrscheinlich fungierten sie sogar selbst als Betreuer für andere, und mit ihrem Geld unterstützten sie Stiftungen für Drogenabhängige. 1999 hatten sie schon drei Kinder. Dann kam, acht Jahre nach ihrer Hochzeit, ein katastrophaler Rückfall.

Dieser Rückfall dauerte zwölf Jahre an. Ich war achtunddreißig, als er begann, und fünfzig, als er zu Ende ging.

Ich möchte verstehen, wie alles angefangen hat – lange vor dem Rückfall. Doch wer kennt das Wie und Warum? Wer kann sagen, welche emotionale Vorgeschichte oder genetische Prädestination Menschen in die Sucht treibt?

Ein paar Dinge weiß ich. Anfang der achtziger Jahre fuhr Hans mit dem Zug durch die Sowjetunion, durch China und Indien. Gemeinsam mit Freunden. Er war damals achtzehn oder neunzehn. In Goa lernten sie ein paar junge Italienerinnen kennen, die am Strand schliefen. Das war seine erste Begegnung mit Heroin.

Eva war Amerikanerin, lebte aber in England. Geboren in Hongkong, aufgewachsen in England. Sie war sogar noch jünger als Hans, als sie drogenabhängig wurde.

Im Lauf der Jahre gab es Aufenthalte in zahlreichen Suchtkliniken. Ende der Achtziger waren die beiden zufällig in derselben Einrichtung. Sie kannten sich noch nicht. Eva war schon einen Schritt weiter in ihrem Genesungsprozess und eigentlich bereits entlassen, doch dann wurde sie von der Klinikleitung gefragt, ob sie Hans überreden könnte, länger zu bleiben – er schien kurz davor, die Behandlung abzubrechen und zu den Drogen zurückzukehren. Eva hatte offenbar die Gabe, anderen Süchtigen zu helfen, und sie brachte Hans tatsächlich dazu, die Therapie weiterzumachen. Die beiden wurden Freunde.

Einige Zeit später – sie waren inzwischen mehr als Freunde – brachte Hans seine Freundin mit ins Landhaus meiner Eltern, damit sie die Familie kennenlernte. Ich erinnere mich genau an diese Begegnung. Eva saß zurückgelehnt auf dem Sofa in der Bibliothek und trug ein pinkfarbenes Chanelkostüm. Blond, schmal und eher reserviert. Sie wirkte gleichzeitig jung und alt, konventionell und wild, gepflegt und ungezügelt. Sie war zwar in London groß geworden, kam mir aber eher amerikanisch als englisch vor. Ihre Mutter stammte aus North Carolina; ihr Vater war schon sehr jung aus Europa nach Amerika gekommen.

Meine Mutter kannte die Eltern; sie waren in Chelsea in derselben *Families Anonymous*-Gruppe gewesen.

*

Ich war einmal bei einer Lesung des Schriftstellers David Grossman. Er sprach über die Trauer nach dem Tod seines Sohnes. Der Sohn war in einem der zahlreichen

Konflikte Israels sehr tragisch ums Leben gekommen. Grossman sagte, die Tatsache, dass wir Emotionen in Worte fassen können, macht uns zu Menschen. Ich würde hinzufügen, oder vielleicht sagte er das auch: Wenn wir es nicht schaffen, dem Leid einen Sinn zu verleihen, dann kann es uns in etwas verwandeln, was wir nicht sind oder was wir nie waren. Schreiben ist eine Form der Sinnstiftung.

Ich glaube an das Schreiben. Ich bin Lektorin und Verlegerin, Texte sind mein Beruf. Durch Lesen und Schreiben können wir über unsere Gefühle nachdenken – wen wir lieben und wie und warum. Ich weiß, dass ich meinen Bruder liebe. Nicht, weil er es verdient (wer tut das?), sondern weil ich schon als Mädchen immer lachen musste, wenn wir uns anschauten. Das fing an, als wir noch ganz klein waren. Er ist so echt, und seine Gegenwart (seine Größe, seine Statur, sein Wesen) ist so tröstlich, jetzt wieder, nach der langen Lücke, nach der Zeit in der Wüste, nach der Zombie-Phase.

Mein Bruder hat mir, vor einem Jahr oder so, erzählt, dass er Prousts *Auf der Suche nach der verlorenen Zeit* liest. Zum zweiten Mal schon schaffte ich es nicht, ihm von diesem Buch zu erzählen, von meinem eigenen Erinnerungsprojekt. Das erste Mal war ein paar Monate vorher gewesen, als er mich fragte, ob ich gerade etwas schreibe. Mein letztes Buch, ein Memoire über das Jahr, das ich auf einer sowjetischen Kolchose verbracht hatte, war gerade in die Shortlist für einen kleineren Preis aufgenommen worden, und er freute sich für mich, glaube ich. Es war der Geburtstag unserer Mutter. Ich spielte auf Zeit, blieb vage, wich aus. Irgendwann während des Essens begann ich zu singen. Mahlzeiten bei meinen Eltern bedeuten immer: Es wird gesungen. Das ist sehr schwedisch. Die Kinder sehen sich an und kichern, so wie sie das immer tun, seit Jahr und Tag.

Genauso haben mein Bruder und ich uns angeschaut, als wir klein waren und auch noch als Jugendliche.

Meine Mutter lächelt und summt, ohne richtige Melodie. Mein Vater summt und singt, ebenfalls ohne Melodie. Mein Bruder singt auch mit. Dann lächelt er plötzlich, ein überraschend liebes Lächeln. Kurz winkt er der kleinen Tochter meiner Freundin Johanna zu, die auf dem Sofa liegt, eine DVD und gleichzeitig uns anschaut, und auf einmal kommen mir die Tränen – ich denke daran, dass mein Bruder mit seinen Kindern so viel Zeit verpasst hat, ich weine und singe und schmecke im Mund die salzigen Tränen.

Wie gut ich diesen salzigen Geschmack kenne.

Er war herzergreifend, dieser lange blaue Maiabend, die schwedischen Lieder in der ländlichen Idylle von Sussex. Wir sangen immer weiter, bis mein Vater nicht mehr konnte, weil es ihm die Kehle zuschnürte und er vom Tisch aufstehen musste. Schwer stützte er sich auf mich, während wir langsam in die Bibliothek und zu seinem Sessel zurückgingen.

Gequält wandte mein Bruder den Blick ab.

Auf der Suche nach der verlorenen Zeit. Ich will nicht melodramatisch klingen. Die Geschichte ist allerdings in sich schon so dramatisch, dass man, wenn man sie erzählt, sofort Gefahr läuft, vulgär zu klingen und auf das sensationslüsterne Schlagzeilenniveau der Boulevardpresse zu sinken. Davon hat es schon genug gegeben – sogar eine schwedische Oper, die 2016 aufgeführt wurde und ein völlig fehlgeschlagener Versuch war, die Geschehnisse in ihrer Bedeutung zu erfassen. *Der Tod* ist eine Figur im Libretto und tritt auch als Dealer auf. Der Text deutet an, dass die Drogensucht meines Bruders eine Art Aufstand gegen die unersättliche Gier meines Großvaters war, gegen sein Streben nach Macht und Reichtum.

»Ein Visionär zu sein hat ihm nicht gereicht. Er wollte Reichtum und eine Dynastie«, singt die Figur, die Eva sein soll.

Hans erwidert: »Und ich habe mich gerächt, indem ich das Leben eines Drogensüchtigen gelebt habe. Eine Schande für die gesamte Familie.«

Eva: »Du hast dich gewehrt! Du hast dich verweigert!«

Meine Schwester Lisbet und ich sind in dieser Oper die dunklen Nornen von Holland Park – diese weiblichen Wesen aus der nordischen Mythologie, die den Schicksalsfaden der normalen Sterblichen spinnen. Wir wiegen unsere finsteren Häupter wie Geier; wir nehmen Eva die Kinder weg.

Wenn du deine Geschichten nicht selbst erzählst, dann erzählen andere sie für dich, und sie erniedrigen dich, sie demütigen dich, sagte Ishmael Reed, George Bernard Shaw zitierend.

Ich schreibe – und weiß doch, dass allein schon das Schreiben als Verrat an der Familie gesehen werden kann, ein beschämender, ausbeuterischer Akt. Der Gedanke ist mir selbst alles andere als fremd, und man sollte sich beim Lesen dieses Buches immer vor Augen führen, wie wir aufgewachsen sind: Reichtum, Zurückgezogenheit, Schweigen, Diskretion.

Aber jemand ist gestorben, am frühen Morgen oder tief in der Nacht.

Eva war, glaube ich, auf dem Weg der Besserung, als sie starb. Es gab Anzeichen dafür, dass sie zurückkam. Und trotzdem ist sie gestorben.

Zu viele Süchtige sterben; zu viele Familien zerbrechen.

*

»Mayhem«, der englische Titel dieses Buchs, bedeutet »Chaos«, aber auch »schwere Körperverletzung«, es ist der alte juristische Terminus für »Verstümmelung«. Der Begriff impliziert Schuld, was in diesem Kontext durchaus passend ist, denn es gibt keine Suchtgeschichte, in der sich nicht alles um Schuld dreht, um Scham und Verurteilung. Schuld unterscheidet nicht, genauso wenig wie Scham. Jeder von uns war schuldig – und keiner von uns war schuldig. Wir alle wurden beschämt, und wir haben dieses Schamgefühl verinnerlicht.

Wir spielten unsere Rollen. »Die Süchtigen«, »die Angehörigen«. Wie alle Familien, die durch Sucht zerrissen werden, haben wir die Schritte dieses zermürbenden Tanzes gelernt.

2

Seit einiger Zeit gehe ich zu einem Psychoanalytiker. In den Sitzungen ringe ich mit meinen Erinnerungen; meine Träume lösen sich in Luft auf, wenn ich nicht gleich beim Aufwachen nach meiner Brille taste und alles aufschreibe, die Augen nur halb geöffnet. Manchmal schreibe ich auch mit geschlossenen Augen. Danach vergesse ich sofort, was ich geschrieben habe, starre später auf mein unleserliches Gekritzel und versuche zu rekonstruieren, was verlorengegangen ist.

Erinnerungen sind der Wesenskern der Psychoanalyse, und weil ich so etwas nicht zum ersten Mal mache, ist mir bewusst, an wie wenig ich mich jetzt erinnere. In jeder Sitzung will ich mir ins Gedächtnis rufen, worüber wir am Tag vorher oder in der vergangenen Woche geredet haben. Ich möchte dem, was eine zerklüftete Sequenz aus Bildern und Tönen zu werden droht – ohne Ordnung, ohne Bedeutung, ohne Sinn –, Kontinuität verleihen.

Wenn ich darüber nachdenke, merke ich, dass ich einen großen Teil meines Erwachsenenlebens dem Erinnern gewidmet habe. Ich verstaue Erinnerungen in Häusern, Briefe in Schubladen. Notizen, die mir vielleicht wieder in die Hände fallen, wenn ich alt bin, Botschaften vom Jetzt an Später, geschickt ins Land des Unwissbaren.

In meinen anderen Büchern ging es ebenfalls ums Erinnern, zumindest teilweise. Das erste Buch war wissenschaftlich und basierte auf anthropologischer Feldforschung über ein entlegenes Dorf im postsowjetischen Estland; das zweite war ein Memoire über das Jahr, das ich in diesem Dorf verbracht habe. Das Verhältnis zwischen politischer Repression und individueller Erinnerung war in beiden Büchern das zentrale Thema. Woran können Menschen sich erinnern, wenn Geschichte zensiert wird? An nicht besonders viel, wie sich herausstellte. Erinnerungen an die Stalinzeit und an die estnische Unabhängigkeit davor schienen im Dorf, dem Zentrum einer ehemaligen Kolchose, nur bruchstückhaft vorhanden – ganze Welten waren versunken. Dieser Verlust faszinierte mich, vielleicht weil auch ich eine Welt zum Teil verloren habe, als ich 1980 von Schweden nach England gezogen bin. Eine Welt, an die meine Mutter sich noch genau erinnert – sie kennt jeden wichtigen Namen in Schweden, jede Familienverbindung, jede Familientragödie, jeden Erfolg.

Wer wird sich für mich an Schweden erinnern, wenn sie nicht mehr da ist?

Erinnerungen sind Familiensache. Meines Vaters Bruder Sven, der vermutlich autistisch war, hatte das Gedächtnis eines Savant. Er beherrschte dreizehn Sprachen und konnte noch viel mehr Sprachen imitieren; angeblich wusste er die Namen sämtlicher Kirchen in Schweden und die exakte Entfernung zwischen allen europäischen Großstädten. Er hatte ein etwas befremdliches, hysterisches Lachen und war, was seine Vorlieben und Abneigungen betraf, sehr emphatisch, manchmal auch phobisch.

Ich erinnere mich an seine großen Geburtstagsfeiern im Januar, alljährlich im Grand Hotel von Malmö, für Familie und Freunde. Der etwas abgetakelte bourgeoise Charme des Hotels, die breite Treppe, die verschlissenen Teppiche. Eine Rede nach der anderen, in guter schwedischer Tradition. Der Höhepunkt, jedes Jahr: ein Modellauto aus Schokolade, ein Oldtimer, feierlich hereingetragen von zwei Kellnern. Mein Onkel brach das erste Stück ab, dann wurde der Wagen schnell weggebracht und kam in Fragmenten zurück. Jeder Gast wählte sich ein Stück aus, ein Ritual, das etwas Heiliges hatte, so wie die Liebe meines Onkel zu seiner Oldtimer-Sammlung.

Ich schreibe »feierlich hereingetragen von zwei Kellnern«. Aber weiß ich wirklich noch, wie das Schokoladenauto zum Tisch gekommen ist? Ich dachte, ich sehe es vor mir. Aber sobald ich nach der Erinnerung greife, verblasst sie und verschwindet.

*

Der Bruder meiner Mutter und seine Frau hatten ein Boot und ein Sommerhaus im Stockholmer Schärengarten. Das Boot ankerte vor ihrer Insel, die man mit einem kleinen Ruderboot erreichte. Ich erinnere mich, dass ich einmal mit meinen Geschwistern und Cousins auf dem Holzsteg saß und zuschaute, wie mein Onkel hinausruderte. Aus irgendeinem unglückseligen Grund beschloss er aufzustehen, das Boot geriet ins Schwanken, und es wackelte immer stärker, als er versuchte, es unter Kontrolle zu bekommen. Wir mussten lachen. Das hätten wir nicht tun sollen, aber wir haben einfach losgeprustet: Als Kinder waren wir überhaupt sehr schnell amüsiert. *Jiggle, jiggle, jiggle*, sagte meine Mutter immer. Sie meinte »giggle, giggle, giggle«, also »kicher, kicher«, sprach aber das G von »giggle« falsch aus, was wir natürlich extrem lustig fanden – bis wir uns schließlich auf dem Boden wälzten, weil wir nicht mehr konnten vor Lachen.

Meine Cousins lachten vorsichtiger als wir: Sie wussten, dass die Grenze zwischen *»mit jemandem lachen«* und *»über jemanden lachen«* durch die Reaktion des belachten Objekts gezogen wird. Meiner Mutter machte es nichts aus, wenn man über sie lachte, meinem Onkel schon. Er schrie frustriert los, stürzte über Bord und kam dann wie ein zorniger Seehund ans Ufer geschwommen.

Viele Jahre später versank mein Onkel in der Lewy-Körper-Demenz, einer dramatisch verlaufenden, tödlichen Krankheit. Er war Bauingenieur und damals Leiter der Stockholmer Verkehrsplanung; diagnostiziert wurde die Erkrankung, nachdem er mit seinem Auto völlig abrupt und mitten auf der Straße stehen geblieben war.

Am Schluss wurde er auf eine Station für unheilbar Demenzkranke verlegt. Die Räume waren hell, sonnig, es gab Tanztee und Kuchen, wie meine Mutter erzählte. Ich habe allerdings den Verdacht, dass das Grauen angesichts seiner Demenz sie zu dieser heiteren Version der Geschichte veranlasste: Musik und Tanz, Panoramafenster, Blick aufs Wasser, eine Mitpatientin wurde seine neue Liebe (oder jedenfalls glaubte er das).

Die Frau meines Onkels, eine Architektin, die sich um ihre gebrechlichen Eltern kümmern musste und deren Bruder an einem Gehirntumor gestorben war, reagierte mit stoischer Ruhe, genau wie meine Cousins. Ich frage mich bis heute, was dieser Stoizismus sie alle gekostet haben mag, konfrontiert mit diesen seltsamen Denkwelten, diesen Gehirnen, zerfressen von einem Tumor beziehungsweise vom »Kies« oder »Sand« der Lewy-Körperchen.

Meine Großmutter starb an Alzheimer oder möglicherweise an vaskulärer Demenz. Genauer gesagt: Sie starb *mit* dieser Demenz, nicht an ihr – die eigentliche Todesursache war eine nichtbehandelte Lungenentzündung. *Es ist besser so*, wie man in Schweden sagt. Meine Mutter spricht über den Augenblick, in dem ihr klarwurde, dass ihre Mutter sie nicht mehr erkannte. Ihren Sohn hat sie noch erkannt, glaube ich.

Ihren Liebling. So wie mein Bruder der Liebling meiner Mutter war.

Zur gleichen Zeit – 1971 – starb der Vater meiner

Mutter an Lungenkrebs. Sie hat mir erst vor kurzem erzählt, dass er gegen Ende in ein Pflegeheim verlegt wurde, das dafür bekannt war, dass man dort »gnädig« mit den Patienten war.

»Was heißt das, ›gnädig‹?«, fragte ich sie.

»Na ja – man hat ihm ein Pulver gegeben. Und das war's dann.«

Ich ließ die Andeutung auf mich wirken.

»Hat er gewusst, dass man ihm ›ein Pulver‹ gibt?« Ich wiederholte ihre Formulierung sehr bedächtig, um mich zu vergewissern, dass wir beide das Gleiche meinten.

»Nein«, sagte sie und blickte mir in die Augen. »Er hat es nicht gewusst.«

Ist das wahr? Ich weiß es nicht. Vielleicht erinnert meine Mutter sich falsch. Vielleicht gab es gar kein Pulver und keinen gnädigen Ausweg für die unheilbar Kranken.

Manchmal ist es wahrscheinlich besser oder leichter, wenn man vergisst. Aber auch das Vergessen hat seinen Preis – es geht auf Kosten der nächsten Generation, wenn diese versucht, die Vergangenheit zu verstehen. Im besten Fall bedeutet es ein Defizit an Hintergrund, einen Mangel an Geschichten. Im schlimmsten Fall führt es zu dem starren Schmerz, den man heute *kompliziert* nennt und der sich auszeichnet durch eine lange Phase zermürbender Trauer, hervorgerufen durch die Unfähigkeit, das Geschehene zu verarbeiten und zu integrieren.

3

Sommer 2012. Seit Evas Tod sind zwei Monate vergangen. Und etwa eine Woche ist vergangen, seit sie gefunden wurde. Ich bin in Schweden, in unserem Sommerhaus am Meer. Ich gehe ans Fenster, ohne dass ich es richtig merke, blicke hinaus aufs Wasser. Plötzlich sehe ich einen braunen Hasen. Er sitzt auf den rissigen Steinstufen, die zum Haus hinaufführen. Vorsichtig hüpft er nach oben, Stufe für Stufe. Zwischendurch richtet er sich auf, sein Näschen zuckt. Wo will er hin?

Ich stehe reglos da und schaue ihn an. Leo, mein Spaniel, ist hinter mir, die Augen auf Höhe meiner Wade. Er hat den Hasen noch nicht entdeckt, seine Gegenwart noch nicht gewittert. So muss es hier sein, wenn wir nicht da sind, denke ich – das Haus verschlossen und leer, und die Erde dreht sich um ihre eigene Achse, der nächsten Jahreszeit entgegen.

Vorhin haben wir Witze über die Hasen gemacht. Ich bin fasziniert von ihnen, und mit meiner Faszination habe ich die anderen angesteckt.

»Mum, wir haben gesehen, wie die Hasen miteinander boxen!«, sagt Daniel, mein Sohn.

»Eigentlich war es fast schon so was wie ein Tanz«, sagt mein Neffe und schaut mich an, seine blauen Augen hell wie Lampen.

Später sind Eric, mein Mann, und ich mit dem Auto unterwegs, allein. Auf der Rückfahrt durch die Felder halten wir an. Wir beobachten die Hasen, die hin und her flitzen. Eric kommt aus Südafrika und kennt diese Tiere nicht so gut wie ich.

»Die Hasen rasen«, sagt er sanft.

»Vielleicht hasen sich die Hasen«, erwidere ich automatisch.

»Doch ich will nicht die Hasen hasen«, singt er vor sich hin, das Wortspiel weiterführend, für das ich auf einmal viel zu traurig bin.

*

Die Kinder sind nicht da. Zum ersten Mal, seit es passiert ist, bin ich allein im Haus.

Eric war einkaufen. Ein paar Fotografen und Journalisten, die nach Familienmitgliedern Ausschau hielten, haben ihn erspäht. Sie haben ihn fotografiert und verlangten eine Stellungnahme; dass er nichts sagen wollte, wurde am nächsten Tag in den Zeitungen gemeldet.

»Ich bin jetzt ein Star in Schweden«, sagte er mit einem leisen Lachen.

Ein Star in Schweden. Eric ist Produzent, und er zitierte hier seinen Freund Sergej Bodrow, einen russischen Filmregisseur: *Ich bin ein Star in Kasachstan.*

Was hatte das alles zu bedeuten? Damals fanden wir das lustig.

»Was ist deine früheste Erinnerung?«, fragte Eric, um mich auf andere Gedanken zu bringen. Ich dachte gleich an den ekligen Geruch eines Autos mit Chauffeur, eines Mercedes, und an das befremdliche Gefühl, in der Obhut eines Fahrers zu sein. Ich dachte an die Bananen, die uns jemand gegen die Übelkeit gab. Wohin fuhren wir? Hierher, wahrscheinlich. Weshalb der Chauffeur? Keine Ahnung. War es einer der zwei Firmenfahrer von Tetra Pak, der Getränkekartonfirma, die mein Großvater gegründet hatte und die mein Vater führte? Mein Vater steigerte die Zahl der Angestellten von fünf auf mehr als sechsunddreißigtausend.

Das Glück des Sommers. Sommerseligkeit. Wir haben im Auto immer begeistert gesungen, die ganze Strecke bis zu unserem Sommerhaus:

Way way back many centuries ago
not long after the bible began
Jacob lived in the land of Canaan
a fine example of a family man
Jacob, Jacob and sons
depended on farming to earn their keep
Jacob, Jacob and sons
spent all of his days in the fields with sheep

Lang lang ist es her, viele Jahrhunderte,
schon bald, nachdem die Bibel begann,
lebte Jakob im Lande Kanaan
Jakob, Jakob und seine Söhne
verdienten ihren Unterhalt durch Landarbeit
Jakob, Jakob und seine Söhne
verbrachten all ihre Tage auf den Wiesen bei den Schafen

Ein Song aus *Joseph and the Amazing Technicolor Dreamcoat* – Lisbet und ich, wir konnten das gesamte Musical von Andrew Lloyd Webber auswendig. Genau wie *Jesus Christ Superstar*. Wir konnten die Beatles-Songs und die von Tom Lehrer und viele schwedische Lieder. Wir sangen das feierliche *Den Blomstertid Nu Kommer* – »Die Zeit der Blumen kommt« –, was in Schweden jedes Jahr in jeder Schule zum Abschluss des Sommerhalbjahrs gesungen wird und sich deshalb mit einem tiefen Glücksgefühl verbindet. Wir sangen *Uti Vår Hage, Där Växa Blåbär* (»Auf unserer Wiese, da wachsen die Blaubeeren«); wir sangen *Kalla Den Änglamarken* (»Nenn es Land der Engel«) und *I Sommarens Soliga Dagar* (»An den sonnigen Tagen des Sommers«); wir sangen »Summertime« und »Edelweiß«; wir sangen Bellman und Bob Dylan, Simon and Garfunkel und Woody Guthrie.

Hat mein Bruder auch gesungen? Ich weiß es nicht mehr. Vielleicht hat er mitgesungen, ein bisschen.

Mein Bruder: strähnige braune Haare, grüne Augen, dunkle Wimpern. Ein Hauch von Anderssein. Ich bin nicht sicher, was es war. Mag sein, er wirkte ein wenig undomestiziert – aber es waren ja auch die Sechziger und Siebziger. Wir waren alle undomestiziert. Lisbet war ebenfalls blass und schlaksig, mit grünen Augen. Die gleichen braunen Haare, die gleichen grünen Augen, die gleichen dunklen Wimpern. Ich sah unscheinbar aus, Lisbet war hübsch. Ich war rebellisch, sie brav. Aber die Unterschiede waren gar nicht so gravierend. Zwillinge und Nachbarländer pflegen, was Freud als den Narzissmus der kleinen Differenzen bezeichnet. Wir bestanden auf unserer Verschiedenheit, aber die Leute verwechselten uns oft auf der Straße. Ich konnte auch hübsch sein, in der richtigen Beleuchtung. Und Lisbet rebellierte, zu gegebener Zeit. Mein Bruder war natürlich ein Junge, also war er anders. Trotzdem waren wir drei aus den gleichen Zutaten geschaffen, die gleiche Haarfarbe, die gleiche Hautfarbe, die gleiche Art zu denken, die gleichen Schwächen, die gleichen Talente.

Oder bilde ich mir das nur ein?

*

Sommer. Wir stürzten uns ins Meer. Wir stürzten uns in die stürmischen Wellen. Wir stürzten uns von den Felsen.

Wir spielten Rasentennis mit weichen Gummibällen. Durch eine verhärtete Stelle im Gummi pumpten wir sie auf, mit einer bedrohlich aussehenden Pumpe aus Spritze und Nadel. Mit Schritten maßen wir auf dem Rasen einen Tennisplatz ab und markierten die Ecken des Feldes mit Mehl.

Wir inszenierten Gymnastikvorführungen auf dem Rasen, gemeinsam mit unseren Cousins, in Marimekko-T-Shirts und Shorts, in Schwimmzeug, in unseren Schlafanzügen. Wir machten Handstand und Brücke; wir standen auf dem Kopf, wir schlugen Rad.

Wir radelten ins Dorf. Ich fiel hin und schlug mir an einem spitzen Stein das Knie auf, Blut floss mein Bein hinunter. Ich war stolz auf die Narbe, eine von vielen.

Wir gingen bei den Felsen Krebse fangen und schleppten Eimer voll mit winzigen Tierchen nach Hause. Mein Vater kochte sie mit Dill, und wir aßen sie. Sie schmeckten nach Meer, mit einem Nachgeschmack von süßem Dill, eine Feier des Sommers.

In einem Sommer hielten meine Cousine Christina und ich zwei Krebse als Haustiere und trugen für den alten Steinbrunnen, in dem sie lebten, gewissenhaft eimerweise Meerwasser herbei. Mein Krebs hieß Lola. Die Tiere hatten Steine, hinter denen sie sich verkriechen konnten, und sie bekamen Fische als Futter.

Schließlich entließen wir sie wieder ins Meer. Wir gingen davon aus, dass die Freiheit ihnen lieber war als die Gefangenschaft, aber vielleicht stimmte das gar nicht.

Das Sommerhaus war im Winter verriegelt, aber wir besaßen auch noch ein Wochenendhaus nicht weit vom

Anwesen meines Großvaters, ein wenig südlicher. Unser Großvater züchtete Rennpferde und hielt zwei Hengste. Wir hatten dort ein Pferd und zwei Ponys stehen. Die Stuten standen in ihren großen Fohlboxen, unsere Ponys waren ganz hinten in einem Seitenflügel des Stalls untergebracht.

Zu unserem Großvater sagten wir Ruben. Ich glaube, weil mein Vater ihn so nannte. Wenn ich mich konzentriere, kann ich seine Stimme hören, allerdings wird sie immer leiser.

Ruben hat uns Tischtennis beigebracht und Poker; wie man Pilze erkennt und wie die verschiedenen Bäume heißen. Ich erinnere mich genau an den Geruch im Haus: Nelkenseife, Geranien, gestärkte Stoffservietten und ein Hauch von Hund. Zu trinken bekamen wir frisch gepressten Tomatensaft mit Parmesankeksen, vor dem Mittagessen; wir aßen gebratenes Huhn mit Johannisbeergelee und zum Schluss noch dünne Gurkenscheiben, in Essig und Zucker eingelegt. Im Kellergeschoss gab es eine Tischtennisplatte, ein altes Klavier, ausgehöhlte Elefantenfüße mit Deckel und Regale mit Hunderten von Taschenbüchern, dem Überschuss aus der Bibliothek oben.

Ich sehe vor meinem inneren Auge ein Foto: Ruben liegt auf dem Rasen, mit Indianerfederschmuck. In den Armen hält er meinen Bruder. Hans ist drei oder vier Jahre alt und greift nach den bunten Federn. Sie lachen beide, ganz aufeinander konzentriert.

Ich sehe in meinem Bruder meinen eigenen Sohn, die

Zeit verschiebt sich, verrutscht und kommt wieder ins Gleichgewicht.

Mein Bruder wollte nicht reiten. Meine Mutter auch nicht, nachdem sie mein Pony ausprobiert hatte, das eigentlich ihr gehörte. Jeden Freitag ritten mein Vater, meine Schwester und ich die Pferde zu unserem eigenen Stall, über die melancholische Wiesenlandschaft Südschwedens. Der Nebel hob und senkte sich, hob und senkte sich, wir passierten Bauernhöfe mit gelb erleuchteten Fenstern, die Kettenhunde bellten, wir ritten Kiespfade entlang, die inzwischen bestimmt längst gepflastert sind, durch den Wald, einen Feldweg nach dem andern. Am Sonntagnachmittag ritten wir dann wieder zurück. Kol, unser Pointer, rannte neben den Pferden her.

Im Sommer nahmen wir die Pferde mit ans Meer. Ich striegelte sie und kümmerte mich auch sonst um sie; ich entwarf Zeitpläne und putzte Zügel und Sattel. Ich rief ihre Namen, und sie kamen zu mir. Ich meinte es gut mit ihnen, vor allem mit meinem Pony – es hatte ein Sommerekzem und schupperte sich Schwanz und Mähne kahl und blutig. Ich rieb Salbe in seine Wunden, ich hielt ihm den Kopf, der in meinen Armen schwer wurde, während es döste.

Dieser schwere Kopf.

In der fernen Sommerkindheit brauten wir Kaffee aus Sauerampfer in unserem Spielhaus. Das Spielhaus war ein Geschenk von Ruben, und es verfiel immer mehr. Heute ist es verschwunden.

Wir schaukelten, und ich weiß noch, wie meine Mutter mit meinem Bruder auf der Doppelschaukel saß – sie sang *I love you and you love me*, immer und immer wieder –, wie hörte es auf, das Lied?

Wir fuhren mit dem Boot hinaus, um die Seehunde zu beobachten und um auf der Insel zu picknicken. Bei dem berauschenden Geruch von Benzin und Brathähnchen denke ich bis heute sofort an Sommer und Freiheit. Ich stand immer neben meinem großen Vater am Steuer und hüpfte jedes Mal, wenn das Boot aufs Wasser klatschte, Welle für Welle. Ich hielt mich am Holzrahmen der kleinen Frontscheibe fest. Je turbulenter die See, desto besser, *hüpf, hüpf*, und das leichte Sechziger-Jahre-Motorboot sprang von einer Welle zur nächsten.

Auf der Insel lasen wir, während wir auf den warmen Felsen picknickten, wir spielten im klaren Wasser, wir tranken sprudelnde Limonade aus Rigellos, dieser raketenförmigen Tetra-Pak-Verpackung, die letztlich floppte.

Ich schlenderte über das Gemeindeland beim Meer, vor und zurück, vor und zurück. Entweder geht man nach links, oder man geht nach rechts. Jahrelang ging ich dort auf und ab und träumte von Raumschiffen, von Entführungen. Ich wanderte und träumte, fühlte mich sicher und geborgen, so geborgen, ich kletterte auf Felsen, sprang von Stein zu Stein.

Wenn der Sommer zu Ende war und wir nach Lund, wo wir damals lebten, zurückfahren mussten, schwamm ich ein letztes Mal hinaus, um den Geruch des Meeres auf meiner Haut und in den Haaren zu speichern; dann saß ich im Auto, saugte an meinen salzigen Haaren und dachte an die Schule.

Vor ein paar Jahren schenkte Hans mir das Sommerhaus nebenan, das meine Mutter gekauft und ihm geschenkt hatte. Er wollte es nicht haben.

I love you and you love me. Dieses Geschenk, dieses Haus – so endete das Lied. Oder zumindest eine der Strophen. Meine Mutter wollte ihn hierbehalten, aber sie hat es nicht geschafft.

*

Das uralte Stück Gemeindeland unterhalb unseres Hauses, wo die Bauern ihre Rinder weiden ließen, ist inzwischen offizielles Naturschutzgebiet. Es ist ein fast zwanzig Kilometer langer Landstreifen, Wacholder und Steinfelder, zwischen dem Meer und den gepflügten Feldern: trockenes, federndes Kurzgras, winzige Wiesenblumen und alte Mauern. Es gibt Bunker aus dem Krieg, nach Dänemark ausgerichtet. Außerdem Steinhügel, Bronzezeitgräber, etwa einen Kilometer vom Haus entfernt. Die Sonne versinkt im Meer dahinter. Von den flachen Felsplatten am Rand des Wassers blickt man direkt in die untergehende Sonne. An heißen Tagen flirrt die Luft.

Jeden Sommer lassen die Bauern ihre Kühe zum Weiden hinaus auf das Gemeindeland. Die Tiere sind schon in meiner Kindheit vor und zurück gewandert, und sie tun es bis heute. Manchmal vergaßen wir, unser Tor zu schließen – dann trotteten sie in unseren Garten. Manchmal haben wir es auch absichtlich vergessen, weil wir das, was dann geschah, so spannend fanden. Ich hörte es immer als Erste: In der Morgendämmerung ertönte das Klipp-klapp auf dem alten Steinpflaster vor meinem Fenster, dazu der schwere Atem der Kühe. Wenn mein Vater aufwachte, postierte er seine Kinder an Schlüsselpunkten, während er mit dem Stock die Kühe vor sich hertrieb. Meine Mutter war nicht gerade erheitert, aber mein Vater fand es genauso lustig wie wir, glaube ich.

Unser Sommerhaus war eigentlich eine alte Fischerhütte. Meine Eltern sind immer noch jeden Sommer dort. Das Haus, in dem Eric und ich jetzt sind, ein Stückchen entfernt, wurde von unserem Nachbarn entworfen und gebaut – er war Architekt und verbrachte jeden Sommer dort. Er war mehrmals verheiratet gewesen und hatte viele Kinder, ein paar in unserem Alter. Manchmal aßen sie bei uns – mein Vater kochte –, und manchmal schauten wir bei ihnen Filme an. Ich erinnere mich an eine phantastische Horrorfilmserie: *Angriff der Körperfresser, Die Fliege, Formicula, Der Schrecken vom Amazonas, Dr. Jekyll und Mr Hyde, Frankenstein.* An einem Abend in diesem Horrorfilmsommer – wir müssen so elf, zwölf Jahre alt gewesen sein – rannte mein Bruder vor mir los, um mich dann durchs Fenster zu erschrecken: ein weißes, geisterhaftes Gesicht draußen vor dem kleinen Cottage, in dem ich allein schlief. Ich schrie laut, sowieso schon verängstigt durch die Horrorfilme mit den besessenen oder gefressenen Körpern.

Ein anderes Mal waren Lisbet, Hans und ich abends allein im Haus, mit ein paar Freunden. Wir erzählten uns Vampirgeschichten und steigerten uns so hinein, dass wir schließlich Knoblauch aufhängten und an jedes Fenster ein Kreuz malten.

Abgesehen von diesem Abend waren wir eigentlich nie allein, glaube ich. Ein Tag folgte auf den anderen, wir kletterten aufs Dach des Gäste-Cottage neben meinem und sprangen auf den Rasen hinunter, immer wieder, klettern, springen, klettern, springen. Dann erschienen die Sterne und bildeten unzählige Sternbilder, in der langen Abenddämmerung des Sommers, und die Satelliten überquerten den Himmel in gleichförmigem Rhythmus. Wir lagen auf dem Dach und schauten zu.

Ich zog in das winzige Cottage, als ich fünf war, damit ich ein eigenes Zimmer hatte. Zusammen mit meinem gelben Teddy. Ich wachte immer um drei auf, mit Anbruch der Sommermorgendämmerung, dann schlief ich wieder ein. Ich kann mich nicht erinnern, je Angst gehabt zu haben.

Mein Teddybär erschien mir als Kind fast wie lebendig. Jetzt ist er unbelebt, er sitzt auf einem Kamin in London und verliert immer mehr von seinem Füllmaterial. Er hatte einen ganz spezifischen Geruch, den ich liebte, tröstlich, wie der Dufthauch eines Lebewesens. Bis heute umgibt ihn ein Hauch dieses Dufts – synthetische Füllung; gelegentlich schnuppere ich im Vorbeigehen an ihm. Ich kann ihn unmöglich reparieren lassen. Der Geruch, der als Einziges von seinem früheren Leben, seinem Geist noch übrig ist, würde verschwinden. Auf der Schulter hat der Teddy ein paar alte schwarze Stiche – meine eigenen dilettantischen Nähversuche. Als ich mir bei einem Sprung über das Lederpferd in der Turnhalle das Schlüsselbein brach, sollten wir beide den gleichen Bruch vorweisen.

Das Sprungpferd. Es wurde immer höher gestellt, immer höher. Es gab keine andere Möglichkeit – Sturz oder Verweigerung. Ich sprang immer höher, bis ich stolperte und stürzte.

Manchmal habe ich meinen Teddy verloren, und er blieb monatelang verschwunden – das Sommerhaus war den Winter über verschlossen, aber es gab noch das Haus im Wald an den Wochenenden, außerdem unternahmen wir viele Reisen, und gelegentlich blieb er irgendwo zurück.

Ich besaß außerdem eine Kuschelrobbe, die so klein war, dass sie in meine Handfläche passte. In einem Jahr habe ich sie verloren. Immer wieder durchsuchte ich verzweifelt den Speicher unseres Hauses in Lund, diesen ruhigen Bereich, der sich über das gesamte alte Stadthaus erstreckte. An einer Wand befanden sich Regale, vollgepackt mit alten Ausgaben von *Country Life* und

Krokodil, der russischen Satirezeitschrift, die mein Vater las. Es gab Schränke und verborgene Winkel, außerdem war noch ein zusätzlicher Speicherraum darüber, der allerdings keinen richtigen Fußboden hatte, sondern nur gelbes Isoliermaterial zwischen den Balken. Ich hatte *Der Graf von Monte Christo* gelesen und *Die drei Musketiere* und sehnte mich nach Geheimgängen. Überall suchte ich: hinter den Kachelöfen im Salon und im Esszimmer, im Schlafzimmer meiner Eltern. Ich suchte im Kleiderschrank meiner Mutter – durch ein kleines Innenfenster, welches gerade groß genug war, dass ein Kind durchklettern konnte, war der Schrank mit meinem Zimmer verbunden. Ich ging in den Keller, vorbei an den alten Golfschlägern meines Vaters, die steile Treppe hinunter, hinein in den Geruch von heißem Staub, vom Heizungskessel. Ich suchte etwas – aber was? Die Lösung, vielleicht, eine Erklärung des Rätsels. Doch wie lautete das Rätsel?

Auf dem Dachboden gab es einen Kühlraum, in dem meine Mutter ihre Pelze und Mäntel sowie leichtverderbliche Lebensmittel aufbewahrte: Kisten mit Mangofrüchten von Freunden in Pakistan, flache ausländische Pralinenschachteln von Tetra-Pak-Kunden, die ich heimlich nach und nach verspeiste.

Ich suchte meine Robbe, und ich suchte Geheimgänge.

Neben dem Kühlraum befand sich ein Raum mit zwei riesigen Gefriertruhen. Wie zwei tiefe Sarkophage beherbergten sie jahrelang die Überreste von zwei wilden

Kühen, die mein Vater auf dem Gut meines Großvaters geschossen hatte. Ihre Felle landeten irgendwann auf einem unserer Fußböden, braun und glänzend, und wir aßen jahrelang Rindfleischeintopf, zubereitet von unserem Koch aus Goa, John Menezes.

Und unter einer dieser Kühltruhen im Dachgeschoss entdeckte ich schließlich meine verstaubte Robbe.

John kochte Rindfleischeintopf und Brotpudding. Er bereitete Obstsalat zu, mit selbstgemachtem Vanilleeis, wofür er das Holzfass mit Eis und grobem Salz füllte und den quietschenden Handgriff drehte. Ich radelte nachmittags von der Schule nach Hause, und John machte immer Kaffee mit heißer Milch und Zucker, bestreut mit einer Spur Zimt. Ich schnitt mir zwei Scheiben Brot ab, bestrich sie mit Butter und gab dünne Käsescheiben darauf. Dann trug ich alles in mein Zimmer, setzte mich aufs Bett und las. Ponybücher und Astrid Lindgren, Edith Nesbit, Mary Norton, C. S. Lewis, Laura Ingalls Wilder, Tove Jansson, *Das Tagebuch der Anne Frank*, *Märchen aus Vietnam*, *Tausendundeine Nacht*, die gekürzte Ausgabe für Kinder, Esther Hautzigs *Die endlose Steppe*, Tolkien, Katarina Taikon und *Hitty, Her First Hundred Years* von Rachel Field.

Ich lackierte mein altes Fahrrad rot. Ich erinnere mich an den herrlichen Geruch der Farbe. Das Fahrrad war ebenfalls lebendig für mich, genau wie mein Teddybär: alt, stoisch, geduldig. An Schulvormittagen radelte ich langsam in Richtung Schule, wenn die Kirchenglocken acht Uhr schlugen. Im November hing die Sonne wie eine Blutorange im Nebel, während ich am Botanischen Garten vorbeifuhr, die Straße hinauf, wo ich Pamela abholte, meine beste Freundin, dann weiter durch den kleinen Park bei den Wohnblocks und zur Schule, diesem trostlosen Gebäude aus Backstein und Teerpappe.

Wenn ich an der Reihe war, ging ich mit unserem Hund Kol raus in den Lundagård, damit Kol Auslauf hatte. Der Lundagård war ganz in unserer Nähe, ein dunkler, feuchter Park im Schatten der Kathedrale, mit hohen Bäumen und zertrampelten Rasenflächen. Manchmal beschloss Kol, abzuhauen und zu dem größeren Stadtpark zu rennen, die Södergatan, also die Hauptstraße, hinunter. Mit einer ganz bestimmten Schwanzbewegung signalisierte er, die Nase auf die Erde gerichtet, dass er gleich losflitzen werde. Und wenn er diesen Entschluss einmal gefasst hatte, konnte nur mein Vater ihn umstimmen. Ich begriff seine Körpersprache und rannte aufgeregt hinter ihm her. Dabei tat ich so, als würde ich ihn nicht kennen, und versteckte seine Leine. Im Park nahm er dann gnädig wieder Notiz von mir und sauste vergnügt über die sonnigen Wiesen.

Ich rannte auch manchmal weg und verstand seinen Wunsch, frei zu sein.

*

Zurück zu den Sommertagen. Ich half oft meiner Mutter beim Wäscheaufhängen. Der Seewind wehte durch Laken und Handtücher – so sauber rochen sie sonst nie. Die trockenen Laken nahmen wir von der Leine, meine Mutter hielt sie an zwei Ecken, ich an den beiden anderen. Wir zogen sie glatt, schüttelten sie aus und legten sie zusammen, eins nach dem anderen.

Mein Vater erledigte im Sommer sämtliche Einkäufe und übernahm das Kochen. Meine Mutter erledigte den größten Teil des Putzens und Waschens – mit unserer Hilfe. Mein Vater brachte den Müll raus; wir verbrannten alles, was ging, in einem rostigen Fass, in das er zur Belüftung ein paar Löcher geschossen hatte. Ich erinnere mich an die abendlichen Feuer, brennende Zeitungsfetzen wirbelten in der heißen Luft nach oben. Wie gebannt schauten wir zu. Manchmal geriet ein Stück Plastik dazwischen, und es stank nach Chemie – wie der Geruch in den Hallen der Tetra-Pak-Fabrik.

Manchmal hatte ich Angst vor der Dunkelheit. Mein Vater, der neben mir beim Feuer stand, erklärte mir, Dunkelheit sei nichts anderes als die Abwesenheit von Licht. Nichts, wovor man Angst haben musste. Und seine Autorität war so groß, dass ich ihm glaubte.

Jetzt sind wir in dem Sommerhaus, das mein Bruder mir geschenkt hat. Die Kinder sind auf dem Dach, weil sie den Sonnenuntergang sehen wollen. Eric und ich sitzen unten und horchen auf das Getrappel ihrer Füße, wenn sie herumrennen. Ihre wilden Spiele sind ganz ähnlich wie unsere, als wir noch klein waren, hier und im Haus nebenan, dem Haus meiner Eltern. Es ist das gleiche Fernsehzimmer, das gleiche Dach aus schwarzer Teerpappe, das gleiche penetrante, berauschende Aroma von modrigem Seetang am Strand. Damals haben wir die Krabben gekocht und gegessen, heute entlassen wir sie wieder ins Meer. Und die Welt der verschiedenen Gerüche, in der wir lebten – die Wäsche, das Bügeln, der Geruch beim Gemüsehändler und beim Fischhändler –, erscheint mir heute viel gedämpfter, genau wie die Euphorie bei der Ankunft, die Freude über den Sommer und die Freiheit inzwischen weniger überschäumend sind.

Vielleicht gibt es keine Euphorie ohne ein gewisses Maß an Schmerz, kein Freiheitsgefühl ohne dessen Abwesenheit.

Es verdreht das Zeitgefühl, wenn man mit Kindern zurückkehrt in die Welt, in der man aufgewachsen ist. Sehr verwirrend. Alles ist gleich, nichts ist gleich.

Gelegentlich begegne ich Freunden aus der untergegangenen Welt, die ich vor fünfunddreißig Jahren verlassen habe. Es ist fast so, als hätte sich nichts verändert – niemand wirkt viel älter, niemand hat sich auffallend verändert. *Hey, wie geht's dir?*, sagen sie. *Und Lisbet? Und HK?* – wie mein Bruder damals genannt wurde. *Und Hans und Märit?*, fragen sie. Sie erinnern sich auch an meine Eltern.

Wir haben hier eine Phantompräsenz.

Ich schreibe dies im Spielzimmer. Überall unser altes Spielzeug, unsere alten Bücher. Hunderte von Namen und Telefonnummern stehen auf den nackten Holzwänden, die meisten stammen von Sten, dem Architekten, der das Haus gebaut und seine Sommer hier verbracht hat. Hier war sein Büro. Ich entdecke meine alte Londoner Nummer – wahrscheinlich hat er sie aufgeschrieben, um sie seinem Sohn zu geben.

Sten und seine Frau kamen oft auf einen Drink zu meinen Eltern – trockene Martinis mit Oliven oder Champagner. Käsenudeln mit Erdnüssen, Stens Frau immer mit pinkfarbenen Lippen und sonnengebräunt, ganz im Stil der Siebziger; meine Mutter in ihren alten Marimekko-Baumwollkleidern, die jahrzehntelang hielten. Sie saßen dann auf den Holzstufen und schauten hinaus auf das Gemeindeland und das Meer, sie verfolgten den Sonnenuntergang und warteten auf das grüne Leuchten. Und auf ein schwarzes Kaninchen – eins kam immer vorbei.

Die schwarzen Kaninchen sind inzwischen verschwunden.

Auf der Holzwand finde ich auch die Namen unserer Kinder, sie verewigen sich dort jedes Jahr, wenn wir hier in diesem Haus sind.

Auf einem Regal steht ein kleines Haus, das meine Schwester in der Schule gemacht hat, in einem Holzbastelkurs. Und ein Holzauto, ebenfalls von ihr. Bei den Büchern – den Büchern unserer Kindheit – finde ich meinen Ponyclubkalender von 1973. Da steht mein

Name, in meiner elfjährigen Unterschrift, und Jappo, der Name meines Ponys, in der Blasenschrift aus den Siebzigern. Ich setze mich hin und studiere den Kalender, ich kann mich an jeden einzelnen Artikel erinnern, an jeden der Pferderatschläge, jede Ponygeschichte, jedes Schwarzweißfoto von Mädchen mit ihren Ponys.

1973 war ich elf. Hans wurde zehn, Lisbet dreizehn. Die beiden trennten drei Jahre und sechs Tage. Ich kam zwanzig Monate nach Lisbet auf die Welt und Hans sechzehn Monate nach mir.

Meine Mutter hat diese ganzen Andenken für meinen Bruder hierhergebracht.

*

Eine der Granta-Lektorinnen gibt mir Anne Carsons hellsichtiges und quälendes Buch *Nox* zu lesen. Es handelt von ihrem verlorenen Bruder, der schließlich in Kopenhagen gestorben ist. Die Lektüre hat mich gefesselt. Nichts habe sie und ihren Bruder verbunden, schreibt Carson. Ihr Bruder nannte sie immer *Holzkopf* oder *Professor,* es gab keine Gemeinsamkeiten. Und doch habe er eine Lücke hinterlassen.

Wir drei hingegen waren einander so ähnlich, als hätte die Verbindung zwischen meiner Mutter und meinem Vater nur diese eine Kombination ergeben können: in etwa die gleiche Größe, die grünen Augen, die braunen Haare.

Und wenn wir alle gleich sind – heißt das, dass ich

das, was mein Bruder getan hat, auch hätte tun können?

Vielleicht muss ich es anders formulieren: Heißt es, dass das, was meinem Bruder *passiert ist*, genauso gut mir hätte passieren können?

Ich las Jane Austen; er las Charles Bukowski. Ich bog nach links ab, er nach rechts.

Der Sommer geht zu Ende, und wir fahren zurück nach England.

In die Londoner Melancholie, die Melancholie von Knightsbridge.

Da ist *Mr Chow*. Meine Eltern sind vor vierzig Jahren mit uns hingegangen, um *drunken fish* zu essen.

Da ist der Teppich-Discounter, der seinen Schlussverkauf ankündigt, 80 % Preisnachlass, Jahr für Jahr, Saison für Saison.

Da ist ein *High and Mighty,* jetzt geschlossen. Mein Vater hat dort immer seine übergroßen Hemden gekauft.

Da ist *Please Mum*, wo ich den beigen Anzug für meinen Sohn gekauft habe, den er bei meiner zweiten Hochzeit getragen hat, also bei der Hochzeit mit Eric. Daniel war fünf und sah in seinem Anzug aus wie ein Mini-Mafioso, mit den dunklen Wimpern meines Bruders, mit der ernsten Wachsamkeit meines Bruders.

Ich merke, dass ich es vor mir herschiebe, endlich mit der Geschichte zu beginnen. Ich schreibe drum herum.

Hans und Eva haben sich in einer Entzugsklinik kennengelernt. Sie waren beide Mitte zwanzig.

Sie haben sich verlobt.

Sie haben 1992 geheiratet.

Evas Familie war glücklich, unsere Familie war glücklich, nach so vielen Jahren der Sucht, der Sorge, der Verzweiflung, der Vorwürfe, des Leugnens, des Verschwindens.

Das war die langersehnte, endgültige Genesung.

Auch dies wurde bei der Hochzeit gefeiert, genau wie die Liebe und die Gründung einer neuen Familie.

1999 hatten Hans und Eva bereits drei Kinder. Ihr jüngster Sohn war noch nicht geboren. Sie hatten ein Haus in London, ein Haus auf Barbados, viele Autos und Gemälde, viele Dinge. Briefpapier mit Briefkopf, Einladungen hierhin und dahin, Philanthropie und Hauspartys und Lunches und Dinners.

Waren sie glücklich? Ich denke schon. Jedenfalls ziemlich glücklich.

Aber vielleicht war ich nicht aufmerksam genug.

*

Ich esse bei meinen Eltern zu Mittag. Mein Vater legt sich anschließend hin; meine Mutter und ich gehen durchs Haus, sehen uns Gemälde an, Fotos, ihre Glassammlung. »Ehrlich gesagt – mich langweilt das alles«, sagt sie. Wir wandern durch ihre Erinnerungen, durch ihr Haus. In einer Schublade findet sie ein paar Fotos von ihren Enkeln, als sie noch klein waren. Und die Schulfotos, die ich der Familie jedes Jahr geschickt habe.

Wir schauen uns die Fotos an. Wie gut ich mich an die Uniformen erinnere. Frühstück, wenn es noch dunkel ist, eine ganze Sammlung von Beuteln neben der Tür. Fünf Paar Schulschuhe, bei den Mänteln aufgereiht. Die Cricketschläger, die Tennisschläger, die Hausaufgabenhefte, die zerknitterten Zettel, die Kinder aus der Schule mitbringen.

Es ist alles so lang her.

Ich stehe mit meiner Mutter vor einem Schränkchen, sie zieht gedankenverloren die Schubladen auf. Da ist ein Hochzeitsfoto von Hans und Eva, von der Sonne ausgebleicht. Eva blickt nach unten, lächelnd; Hans schaut direkt in die Kamera, mit erhobenem Kopf und einem glücklichen Lächeln.

Und darunter ist, in einem Silberrahmen, ein Foto von mir und Eva. Wir sitzen auf den Stufen vor dem Haus meiner Eltern, vor der alten Orangerie. Hinter uns sieht man, verschwommen, ein Mädchen, es wirft den Kopf zurück und schaut hinauf zum Himmel, aber ich kann nicht erkennen, wer es ist. In welchem Jahr war das? Gibt es Indizien? Ich trage Jeans und eine Leinenjacke, die ich immer noch habe. Die Uhr meines Exmannes: Die ist ein Hinweis. Das Armband, ein Geschenk von ihm.

Meine Haare sind so dunkel. Ich sehe jung aus, jung und glücklich. Eva wirkt auch glücklich. Was hat sie an?

Einen weißen Cardigan, einen Rock? Ich kann es nicht richtig erkennen. Nackte Beine, gebräunt. Das Gras ist grün; ich vermute, es ist am Anfang des Sommers, Juni. Eva sieht amerikanisch aus. Blonde Haare, die im Wind flattern. Selbstbewusst und stark.

Da sitzen wir, einander zugeneigt, so wie man das tut, wenn man fotografiert wird. Ich blinzle in die Sonne, die Arme um die Knie geschlungen. Eva hat die Hände unter die Beine geschoben, so dass der Rock oben bleibt, ihre nackten Knie berühren sich, einen Fuß hat sie leicht über den anderen gelegt.

Der Silberrahmen ist wie ein Spiegel: Ich sehe meine Brille, mein Gesicht, meine grau werdenden Haare.

Nach Evas Tod hörte ich auf, zum Friseur zu gehen. Fast ein Jahr lang habe ich mir selbst die Haare geschnitten. Ich nahm eine Strähne zwischen die Finger, tastete nach gespaltenen Spitzen, schnitt ein Stück ab, und nach und nach bildete sich neben dem Waschbecken ein kleiner Hügel aus Haaren. Eva hätte das nicht gebilligt, wenn sie nüchtern und noch am Leben gewesen wäre. Sie hätte so ein Verhalten richtigerweise als ein Zeichen von Stress gedeutet und mir gesagt, ich solle damit aufhören. Die Therapeuten in der Suchtklinik hatten recht: Eva besaß die Gabe, andere zu überzeugen.

Sie hätte mich vielleicht sogar mitgenommen zu ihrem Friseur. Vielleicht hätte sie sich dort zu mir gesetzt, mit einer Tasse Cappuccino, und wir hätten uns über Haarschnitte unterhalten, in dieser Parallelwelt, genannt das normale Leben.

Wurde das Foto vor oder nach Silvester 1999 aufgenommen? Ich weiß es nicht. Ich erinnere mich gut an die aufgeregten Fragen vor der Jahrtausendwende: Bricht das Internet zusammen, weil die neuen Datumsangaben alles sprengen, kommt womöglich das gesamte System zum Stillstand – Flüge, Banken, Städte, Regierungen? Niemand konnte es sagen.

Hans und Eva gingen an diesem Silvesterabend zu einer Party und tranken ein Glas Champagner, um zu feiern. Vielleicht tranken sie auch mehr als ein Glas, zum ersten Mal (oder vielleicht auch nicht zum ersten Mal) seit dem Entzug. Die Datumsfunktion verhakte sich nicht, die Flugzeuge fielen nicht vom Himmel, aber unsere Welt ging an dem Abend in die Brüche, durch ein paar Gläser Champagner.

4

In den folgenden Jahren häuften sich die Suchtsignale, aber uns war noch nicht klar, wie bedrohlich Hans' Rückfall war. Wir machten uns hauptsächlich Sorgen um Eva – und um die Kinder. Im Juni 2004 schrieb ich Eva und legte ihr nahe, in eine Rehaklinik zu gehen. Sie reagierte nicht. Garantiert wusste sie, dass so eine Maßnahme nicht besonders viel nützt, wenn man schon in mehreren Kliniken war. Man kennt das Vokabular und die Tricks, die hübschen Gebete, die passenden Sprüche. Wenn man das alles schon erlebt hat, durchschaut man es vermutlich.

Ich denke an die vielen Briefe, die ich ihr geschrieben habe, die sinnlosen Sätze. Ich habe keine Ahnung, wie sie bei ihr angekommen sind, und ich weiß auch nicht, was sie mit mir gemacht haben.

Im Rückblick ist mir klar, dass ich nicht begriffen habe, wie schlecht es Eva wirklich ging. Sie besaß jede Menge Techniken, ihre Gefühle einerseits auszuagieren und andererseits zu kaschieren und zu überspielen, je nachdem. Dadurch hat sie mich geblendet. Pose und Echtheit, dieses Kaleidoskop der Sucht, wo oft der Schmerz das Echte ist – und oft ist er nur Pose. Wo lautes

Lachen manchmal das Echte ist – und manchmal Pose. In Evas Körper und Geist schien es eine Leere zu geben, die nach Drogen und Freiheit lechzte; Aushöhlungen, die vielleicht durch Zufriedenheit oder durch Arbeit hätten gefüllt werden können oder durch Familienliebe, diese subtile Verbindung zwischen Eltern und Kindern und deren Kindern, dieses animalische Element, das bewirkt, dass man sich besser und sicherer fühlt, sobald *die Menschen, die man liebt*, im Raum sind.

Das Wissen, dass man geborgen ist und dass man dazugehört: die elementare Funktion der Liebe.

Ich schaue mir Asif Kapadias Dokumentarfilm *Amy* an, über Amy Winehouse. Ich sehe den Unterschied zwischen dem Kummer ihrer Freunde und der Distanz in Amys eigenem Narrativ, diese leichthändige Pose, die Teil der Sucht ist.

Der Schmerz von Amys Freunden berührt mich tief. Ich weiß, was sie tun: Sie klammern sich an die müden Strohhalme der Besserungsparolen – diese Klischees, die wir alle kennen. Am meisten verfolgen mich allerdings die Selfies, die in den Wochen und Tagen vor Amys Tod entstanden sind: diese dunklen, wachen Augen, die das eigene Gesicht, so schmal, so knochig, betrachten. Die Kamera als Spiegel. Ihr Herz, erschöpft vom Kokain, von der Bulimie, vom Alkohol. Die Augen forschen, fast wissenschaftlich, sie sind kalt und neutral, wie gespiegelte Augen immer sind. Da ist keine Botschaft – sie beobachtet sich selbst.

Ich frage mich, ob sie wusste, in welcher Gefahr sie schwebt.

Sie hat mit dem Tod gespielt, so viel ist sicher. Vielleicht war der Tod ihre Religion, der Glaube an das *Was dann*, das aufregende Unbekannte. Ich denke an die romantischen Inszenierungen in der europäischen Tradition – Nihilismus und russisches Roulette, Krieg und Heroismus, Goethes *Werther*, der eine Selbstmordepidemie auslöste, der Schmerz im Jazz, die Rebellion in der Musik.

Ich glaube, dass Eva nicht wirklich an ihren eigenen Tod glaubte, obwohl sie in ihren langen E-Mails oft darauf zu sprechen kam. Aber diese Hinweise hatten immer einen irgendwie falschen Unterton, als wären sie Teil eines Spiels zwischen uns, das wir schon eine ganze Weile spielten, eines Spiels, von dem wir beide wussten, dass es nicht ganz real war. Evas rebellische Tage waren jedenfalls vorüber. Sie war nicht mehr jung, nicht mehr das Partygirl von früher. Jetzt war sie umgeben von so viel systematischer Ordnung, von so vielen Besitztümern, von feinen und erstickenden Verpflichtungsnetzen. Sie wollte da raus, glaube ich.

Die Grenze zwischen Sucht und Genesung ist sehr schmal – und zugleich unermesslich: ein winziger Schritt, eine Tanzbewegung, ein unvorstellbarer Kraftakt.

In Hans' und Evas Haus war das Schlafzimmer die Privatsphäre, der verschlossene Raum, das Reich der Drogen. Der Salon im Stockwerk darunter war ein Beispiel an bourgeoiser Ordnung. Das Schlafzimmer umschloss die Sucht, der Rest des Hauses fühlte sich an wie eine Fassade der Gesundung, auf die sie selbst oder wir alle gehofft hatten, das Familienleben, das sie oder wir herbeigesehnt hatten – Potemkin'sche Dörfer, wohlhabend und abgesichert.

Nachdem die Kinder im Mai 2007 zu uns gekommen waren, erlosch das Leben in ihrem Haus. Das Personal wartete, das Haus wartete. Diese blitzsaubere, leere Küche, diese eisigen Kühlschränke, diese riesige Garage: ein Haus, das man mühelos wieder hätte bewohnen können, wenn man gewusst hätte, wie das geht. Es wäre so einfach gewesen, in die alte Ordnung zurückzukehren.

Und ebenso einfach ist es, den Rückfall zu wählen – wenn man weiß, wie es geht. Sucht ist eine Art Kultur; Sucht verlangt Wissen, wie jede andere Lebensform auch. Man muss wissen, wie man sich in dieser Kultur verhält, wie verhandelt wird, was die Dinge kosten, welche Ärzte helfen, worauf man achten muss.

Ehe sie den Rückfall hatten, hörten Hans und Eva auf, zu den Zwölf-Schritte-Treffen zu gehen. Sie kündigten die Solidarität mit den anderen Abhängigen auf und finanzierten stattdessen Suchtprogramme. Sie wurden umschmeichelt und gepriesen, wie alle Philanthropen. Vielleicht war genau das der Beginn des Rückfalls: der Abschied von der Solidarität, die Verführung durch die Philanthropie.

Ich denke auch, dass Eva nicht mehr an Suchttherapie glaubte, jedenfalls nicht für sich selbst. Ich habe daran geglaubt, aber im Grunde nur, weil es sonst nichts gab. Was kann man Drogensüchtigen vorschlagen, außer Entzug in einer therapeutischen Einrichtung? Und was kann man sonst noch tun, außer drängen, planen, flehen, bitten?

Die Chaostheorie lehrt uns, dass die Auswirkungen minimaler Ereignisse – der Flügelschlag eines Schmetterlings – nicht nur unbekannt sind – sie sind sogar unwissbar, weil die dazugehörigen Faktoren zu zahlreich und zu vielfältig sind. Der spezifische Verlauf einer Sucht ist ebenso schwierig vorherzusagen. Menschen, die nur andeutungsweise süchtig sind, erliegen manchmal der Sucht; und Menschen, die verloren scheinen, erholen sich. Hoffnung gibt es immer. Und diese Hoffnung ist wunderbar und grauenvoll zugleich, weil man so verzweifelt nach etwas sucht, was helfen könnte. Die Hoffnung saugt dich auf. Wenn du nie die Hoffnung aufgibst, wirst du in die Sucht eingesperrt.

Deshalb fordert *Families Anonymous*, das Zwölf-Schritte-Programm für Familienmitglieder von Süchtigen, die Teilnehmer auf, die Grenze dessen, was sie tun können, zu erkennen. Der erste Schritt lautet:

Wir haben zugegeben, dass wir keine Macht haben über Drogen und über das Leben anderer – und dass wir unser eigenes Leben nicht mehr meistern können.

Du kannst weggehen von den Suchtkranken, vom *Leben anderer*. Aber von ihren Kindern kannst du nicht weggehen.

Ich habe meinen Brief vom Juni 2004 noch einmal durchgelesen. Die nutzlosen Sätze.

> »Ich schreibe dies, weil ich seit einigen Monaten sehr beunruhigt bin deinetwegen. Mir ist klar, dass es vielleicht gar nichts hilft, aber ich habe das dringende Gefühl, ich muss etwas tun.«

> »Eva, du bist sehr krank. Ich weiß nicht, was du nimmst, aber ich vermute, es ist ein Cocktail aus allen möglichen Substanzen. Du brauchst unbedingt Hilfe, und ich würde dir sehr sehr gerne beistehen.«

> »Ich frage mich, ob dir bewusst ist, dass alle in der Familie und alle deine Freunde sich große Sorgen um dich machen.«

> »Ich glaube, du befindest dich in einem beängstigenden Zustand, in dem alles passieren kann – die Krankheit, wie wir dazu sagen, ist zurückgekommen.«

> »Das Problem ist, dass bei dem Leben, das wir führen, der Abstieg zum absoluten Tiefpunkt so lang ist. Von Kindermädchen und von Personal gestützt,

kann man jahrelang eine Zwielichtexistenz mit Alkohol und Pillen führen. Es gibt genügend schicke und verantwortungslose Ärzte in London, die alles verschreiben, was man will.«

»Bitte, bitte, vergiss nie, dass ich auf deiner Seite bin – ich weiß, es ist nicht leicht für dich.«

»Du warst so stark bei deinem Entzug, Eva – auch das weiß ich. Du hast so offen über den Prozess gesprochen, warst so hilfsbereit gegenüber anderen, damit auch sie die Art von Behandlung bekommen können, die du hattest, du warst so fokussiert und so mitfühlend.«

»Als ich zu dir gesagt habe, du solltest Suchtberaterin werden, war das kein Scherz, ich wollte dir auch nicht schmeicheln – du könntest das bestimmt ganz wunderbar.«

»Bitte, bitte, denke nicht, dass ich dies nun für ein moralisches Versagen deinerseits halte. Und vergiss nicht: Ich bin für dich da, ich bin bei dir. Wenn du etwas brauchst, wenn ich etwas für dich tun kann – ich helfe dir.«

»Ich möchte mich nicht in deine Privatangelegenheiten einmischen, aber ich will auch nicht miterleben, wie du immer tiefer sinkst, während alle nur zuschauen und nichts sagen. Es – das Leben, meine ich – muss nicht so sein.«

»Alles Liebe.«

Krampfhaft nach den jämmerlichen Krücken der Entzugsfloskeln tastend.

Wer bin ich geworden, im Verlauf dieser vielen hundert Briefe, SMS, E-Mails, Telefonkonferenzen und Gespräche? Eine Beschützerin; im Team mit meiner Schwester, mit unseren Ehemännern. Eine Beschützerin und Aufpasserin, vielleicht. Aus einzelnen Briefen und zufälligen Gesprächen wurde ein Prozess, der Prozess gewann an Dynamik.

Ich denke wieder über diesen ersten der zwölf Schritte nach.

> *Wir haben zugegeben, dass wir keine Macht haben über Drogen und über das Leben anderer – und dass wir unser eigenes Leben nicht mehr meistern können.*

Ich wurde eine Gefangene der Hoffnung und eine Gefangene der Sucht.

Aber wenn ich mich nicht eingeschaltet hätte – wer wäre ich dann geworden?

Nach dem zitierten Brief zu urteilen haben wir im Sommer 2004 noch nicht begriffen, dass Hans ebenfalls einen Rückfall hatte. Aber die Krankheit lag in der Luft: eine Art schwebende Malaise.

Im September 2004 besuchte uns Hans in Sussex, mit den Kindern. Es war sehr heiß. Abends führten die Kinder für uns fünf oder sechs kurze Szenen auf, die sie sich ausgedacht hatten, morbide, charmante kleine Horrorgeschichten. Eric, Hans und ich saßen am Küchentisch, lachten und klatschten Beifall. Am nächsten Tag war es wieder extrem heiß, aber auch diesig, steht in meinem Tagebuch. Hans war irgendwie krank.

Mir ist auch schlecht, genau wie Hans, habe ich notiert.

Ich lese das jetzt und denke: Ich wollte nichts wahrhaben.

Mir ist auch schlecht, genau wie Hans.

Warum habe ich die Wahrheit nicht gesehen?

Und warum habe ich sie nicht schon gesehen, als Hans Ende der achtziger Jahre bei mir in meiner Wohnung in Islington gelebt hat? Wir waren Mitte zwanzig. Hans hatte eine seiner zahlreichen Entzugsbehandlungen abgebrochen. Meine Mutter befand, es wäre gut, wenn er eine Weile bei mir wohnen würde. Er hatte sofort einen Rückfall, aber keines der Drogensignale erreichte mich: die Teller mit vergammeltem Essen, seine Rückzugstendenzen, seine Antriebslosigkeit, der süßlich ranzige Geruch von Heroin.

Und dann ging er weg.

Und warum habe ich es davor nicht gesehen, als er 1983 aus Indien zurückkam? Da war er zwanzig. Seine Hüftknochen ragten heraus, seine Oberarme waren dünner als seine Handgelenke, die Haare hatte er sich selbst geschnitten. Er lag im Krankenhaus und stopfte sich ganze Tüten mit Weingummi in den Mund, während er am Tropf hing. Er habe einen Magenparasiten, behauptete er.

Vielleicht stimmte das ja.

Die Ärzte und die Schwestern schauten zu und sagten nichts.

Meine Schwester Lisbet, die dieses Buch als Manuskript gelesen hat, schrieb an dieser Stelle eine Bemerkung an den Rand. »Wie hätten wir es sehen sollen?«, schrieb sie. »Wir hatten doch keine Ahnung von psychischen Störungen oder Tropenkrankheiten oder von Drogensucht.«

Ich denke, das stimmt. Als Hans bei mir in Islington wohnte, hatte ich gerade mit meiner Doktorarbeit begonnen. Ich hatte ein Leben – es waren die ersten Anfänge einer unabhängigen Existenz, die ersten Schritte einer Karriere. Was für Vorstellungen hatten wir als Familie von Drogensucht, frage ich mich heute. Wie konnte man es mir überlassen, einen jungen Menschen zu beherbergen, der an einer potentiell tödlichen psychischen Krankheit litt, von der wir so gut wie keine Ahnung hatten? Dachten wir, es ist nur eine Phase, die vorübergeht? Haben wir gehofft, dass er von allein wieder auf die Beine kommt?

Hans hatte keine Hilfe. Ich hatte keine Hilfe. Wir lebten in meiner wunderschönen, wenn auch etwas heruntergekommenen Maisonette-Wohnung in der Liverpool Road in Islington. Nach ein paar Monaten bat ich meinen Bruder, wieder auszuziehen.

Er zog nicht aus. Hätte er das überhaupt geschafft? Vielleicht hatte er nicht genug Energie, nicht genug Kraft. Vielleicht wusste er nicht, wohin.

Als ich ihn bat auszuziehen, hatte er bereits aufgehört, sich zu waschen. Mir war zu dem Zeitpunkt immer noch nicht klar, dass es hier um Drogen ging – obwohl ich doch genau wusste, dass Hans gerade aus einer Suchtklinik gekommen war. Mein Wunsch, alles zu verdrängen, muss sehr stark gewesen sein.

Er ging zwar nicht, als ich ihn darum bat, aber von da an hielt er sich nur noch in seinem Zimmer auf. Es war ein kleiner Raum, dieses zweite Schlafzimmer, ursprünglich für ein Kind gedacht, vermute ich. Er blieb in diesem Zimmer wie ein vernachlässigtes Kind, schmutzig und verwahrlost, mit einer unaufmerksamen, unwissenden Schwester als Mutter.

Der zentrale Punkt bei Geschwisterbeziehungen ist: Man versteht einander. Man kapiert, was beim anderen los ist. Man denkt, dass man alles kapiert. Man ist eher ungeduldig als mütterlich. Aber ich habe alles komplett missverstanden.

Und vielleicht war meine Wohnung für ihn einfach ein Ort, wo er leben konnte, eine praktische Unterkunft. Mag sein, dass ich genau das nie verstanden habe, mit meinem Übermaß an Gefühlen, mit meiner sentimentalen Empathie, meiner existentiellen Angst.

Ich dachte, er ist immer noch der kleine Bruder, ein Junge mit einem süßen Milchbart und mit Kakaopulver unter den Fingernägeln. Ich hatte so ein schlechtes Gewissen wegen des kleinen Zimmers und weil ich ihn gebeten hatte zu gehen, nur weil er wieder mal sein Zimmer nicht geputzt und das Geschirr nicht abgespült hatte. Ich habe nicht gemerkt, dass er erwachsen geworden war.

Aber war er überhaupt erwachsen? In gewisser Weise war er immer noch das chaotische Kind. Aber das Kakaopulver hatte sich in Heroin verwandelt, eine dunkle, klebrige Substanz unter seinen Fingernägeln.

*

Als wir Kinder waren, hat Hans während des Schuljahrs oft stundenlang ferngesehen: tschechische Cartoons, Astrid-Lindgren-Verfilmungen, *M*A*S*H*, *Starsky & Hutch* und dazwischen Szenen aus schwedischen Fernsehstudios mit ihren langweiligen Moderatoren, den Topfpflanzen auf niedrigen braunen Tischen oder auch einfach nur einer Uhr, *tick, tick, tick*.

Das war in unserem Stadthaus in Lund, im obersten Stockwerk. An der Wand befand sich ein Klettergerüst. Wir kletterten, wir hängten uns daran, wir spielten Nicht-den-Fußboden-Berühren, vom Sofa zum Tisch zum Klettergerüst zu den Stühlen. Wir spielten, die harten Rückenkissen des Sofas aus den sechziger Jahren wären Pferde, braun und beige und cremefarben.

Mein Bruder und ich tropften Wachs von brennenden Kerzen auf Comics im Dachgeschoss, um Wachsdrucke zu machen, neben uns ein roter Spielzeugeimer mit Wasser. Donald Duck und Mickymaus – wie toll das war, schmelzendes Kerzenwachs auf das Papier zu tropfen, während die Flamme flackerte; das Wachs wurde hart und durchsichtig, und wir konnten das gedruckte Bild darunter hineinritzen.

Unser niederländisches Au-pair-Mädchen, die Tochter eines mit der Familie befreundeten Professors, ging mit uns im Wald Pilze suchen. Wir saßen an dem groben Steintisch auf dem Rasen unseres Wochenendhauses und putzten die Pilze. Meine Eltern waren fort, aber Freunde kamen vorbei und sahen uns, wie wir da unverdrossen Gras und Erde von giftigen Pilzen entfernten, die wir kochen und zum Mittagessen verspeisen wollten.

Zufällige Erinnerungen, verborgene Gefahren.

Die Schule war ein Gefängnis, wir mussten sie über uns ergehen lassen, doch danach waren wir frei. An den Wochenenden spielten Hans und ich Poker und Rommé 500 mit mehreren Kartendecks; wenn uns langweilig wurde, erfand ich immer neue Regeln. Wir warfen mit viel Schwung unsere Karten ab, wir schlossen Wetten ab mit Streichhölzern, wir wollten die coole Art des Mischens lernen, schafften es aber nicht. In der Stadt war Hans allerdings viel stiller als ich, da sah er lieber fern, während ich Kol, unserem Hund, beibrachte, neben meinem Fahrrad herzurennen – die Nase in der Luft, den Schwanz fröhlich hochgestellt. Und Lisbet saß in der Stadtbücherei und las.

Was sollte aus ihm werden, aus diesem stillen Kind?

Lisbet und ich wurden Akademikerinnen, weil unsere Mutter Akademikerin war. Wir gaben die Laufbahn auf, genau wie sie. Uns war nicht bewusst, dass wir sie als Rollenvorbild nahmen, aber natürlich taten wir das. Wir alle entwerfen unser Leben mit Bezug auf unsere Eltern und die Kultur, aus der wir kommen.

Aber an wem sollte mein Bruder sich orientieren? Er konnte nicht mein Vater werden, in einer meritokratischen Gesellschaft wie Schweden.

Heroin ist eine sehr liebevolle Droge, hat mir jemand gesagt. Ich glaube das. »Eine kostbare Substanz, deren unbekannter Charme die Liebe ist«, schrieb Victor Lodato über Crystal Meth in seiner Kurzgeschichte »Jack, July«. Die Liebe der Droge, die Geborgenheit durch die Droge – das ersetzt, so denken manche Therapeuten, elterliche Liebe und Geborgenheit. Aber was ist, wenn dieser Mangel an Liebe verbunden ist mit einer inhärenten Unfähigkeit, Liebe anzunehmen und zu erwidern, mit einer emotionalen Schwäche, einem angeborenen oder erworbenen Defizit? Angeboren *und* erworben, vielleicht.

Mein Bruder wohnte damals, Ende der achtziger Jahre, den ganzen Sommer über bei mir in Islington.

Und dann, eines Tages, im August oder September, war er plötzlich weg.

Ich hatte keine Ahnung, wo er steckte. Ich hörte nichts von ihm. Dass sein Zimmer so klein war, machte mir Schuldgefühle. Ich putzte es gründlich, aber es war und blieb ein Vorwurf – als hätte ich ihn dort eingesperrt. Und wie eine Stadt, die nach einer Revolution unbeachtet bleibt, verschloss ich mich immer mehr. An meinem Mantel fehlte ein Knopf; ich ersetzte ihn nicht. Meine Unterwäsche wurde grau, meine Socken bekamen Löcher, meine Schuhe waren alt. Zeitungen wehten über die Straße; die Lastwagen donnerten vorbei in Richtung Holloway und nach Norden; ich lief stundenlang ziellos durch die Gegend.

Ich war traurig, aber ich konnte weiter arbeiten. Ich traf mich mit Freunden. Ich rief meine Eltern an. Lisbet schickte mir dicke Umschläge mit Zeitungsausschnitten über dies und jenes, interessante Themen, aus Amerika; sie war damals in Harvard.

Wir warteten.

Im Februar des folgenden Jahres fuhr meine Mutter in ein Dorf in Sussex, um wegen eines Schecks nachzufragen, bei dem irgendetwas nicht stimmte. Dieser Satz sieht auf Papier ganz normal aus, aber in Wirklichkeit fuhr meine Mutter so gut wie nie in dieses Dorf. Die Vorstellung, dass sie sich persönlich um einen Scheck kümmerte, ist so komplett untypisch für sie, dass ihr Entschluss, eben dies zu tun, schon fast hellseherische

Qualitäten hatte. Denn genau dort, in dieser Bank, war mein Bruder und wartete in der Schlange. Er war von Amsterdam nach Sussex gefahren, um Bargeld abzuheben; er wohnte da. Und meine Mutter nahm ihn mit nach Hause.

Meine Mutter stammt aus dem Norden. Im Norden hielt sich der Mystizismus sehr lange: Es gab Frauen, die als Heilerinnen Blutungen stillen konnten, selbst über primitive Telefonleitungen – diese Fähigkeit war in den großen Wäldern Nordschwedens extrem nützlich, denn die Waldarbeiter hatten oft entsetzliche Unfälle. Meine Großmutter hat finnische Vorfahren, das heißt, sie stammte von den Finnen ab, denen im 17. Jahrhundert minderwertiges Marschland angeboten wurde, damit sie sich im mittleren Nordschweden niederließen. Ihre Ortschaften konnte man nur im Winter erreichen, wenn die Sümpfe zufroren. Das heißt, die Bewohner lebten quasi völlig autark – am Anfang stellten sie sogar ihre eigenen Gewehre her, aus Mooreisen.

Aber Schweden veränderte sich. Meine Großmutter wollte an der Universität Uppsala Chemie studieren, doch dann starb ihr Vater, und mit seinem Tod starb auch ihre Chance auf ein Studium. Eine Weile unterrichtete sie in den abgelegenen finnischen Dörfern im sumpfigen Ödland. Das war eine üble Gegend. Sie kaufte sich ein Gewehr und sorgte dafür, dass die Männer mitkriegten, wie sie jeden Tag ihre Schießübungen machte. Später erzählte sie, dass Männer erstochen wurden, nur weil sie beim Kartenspielen geschummelt hatten, dass ganze Familien an Tuberkulose starben und dass im Norden während des Ersten Weltkriegs eine Hungersnot herrschte.

Meine Großmutter war geprägt von diesem Mystizismus – und von der Moderne. Beide Richtungen zerrten an ihr. Und an einem Tag vor vielen, vielen Jahren – es muss in den dreißiger oder vierziger Jahren gewesen sein –, als ihr Bruder sämtliche Schlaftabletten schluckte, die von den Schwestern im Krankenhaus Abend für Abend für ihn abgezählt worden waren, spürte sie seine Entscheidung, lange bevor der Anruf aus dem Krankenhaus kam.

*

In Amsterdam hatte mein Bruder angefangen, Methadon zu spritzen, um vom Heroin wegzukommen. Das Methadon bewirkte bei ihm immer wieder Blackouts. Er war ruhig, aber abwesend. Meine Mutter sorgte dafür, dass er in eine andere Klinik ging, diesmal in eine auf dem Land. Dort besuchte sie ihn jeden Sonntag, genau wie ich. Wir nahmen an den wöchentlichen Familienmeetings teil, bei denen die Angehörigen, die ihre Junkies und Alkoholiker, ihre Magersüchtigen und Esssüchtigen, ihre Spielsüchtigen und Sexsüchtigen besuchten, miteinander über ihre Ängste, über den Schmerz und die Wut reden konnten. Die Süchtigen mussten das hinnehmen. Ihre Angehörigen hatten jahrelang alles hingenommen, hatten einen Eiertanz aufgeführt und behutsam neue Grenzen gesetzt, die immer und immer wieder eingerissen wurden – und jetzt teilten sie aus. Wir wurden bei diesen Meetings entschlackt, bevor wir in unser normales Leben zurückkehrten.

Mein Bruder erholte sich nach und nach, und als sich sein Zustand besserte, ging es mir schlechter. Diesmal war meine Depression keine düstere postrevolutionäre Verwahrlosung, sondern eine unübersehbare Präsenz, die von mir Besitz ergriff. Eine kalte Kralle packte mich an der Kehle – dieses bösartige Wesen wollte mich umbringen, mich vom Dach stoßen, mich erstechen. Es sperrte mich da ein, wo ich war.

Meine akademische Arbeit kam zum Stillstand, und mein Professor rief mich an. Ich zögerte am Telefon; ich konnte die Stimme nicht einordnen, obwohl sie mir so vertraut war. Die Stimme klang auch sehr freundlich – jemand wollte mir offenbar helfen, aber wer war das? In meinem Kopf ging alles dermaßen durcheinander, dass es mehrere Minuten dauerte, bis ich die Stimme dann doch erkannte. Vielleicht waren es aber auch nur Sekunden.

Mein Cousin, den ich sehr mag, kam mit seiner Frau zum Abendessen. Ich hatte die Verabredung verschwitzt und geriet in Panik, als es an der Tür klingelte. Also ging ich mit den beiden in ein indisches Restaurant um die Ecke. Das kostete mich enorm viel Kraft. Irgendwie schaffte ich es, aber nur mit Mühe und Not.

Alles wurde ein Versteckspiel. Warum war es mir so wichtig, meine Verzweiflung zu kaschieren? Ich weiß es nicht – aber so war's. Es ist leicht, Verletzlichkeit zu zeigen, wenn man stark ist, und fast unmöglich, wenn man es nicht ist.

Mir fiel nichts mehr ein, meine Assoziationsfähigkeit, dieses ständige Echo in einem gesunden Kopf, verschwand. Du siehst einen Baum, der dich an einen Garten aus deiner Kindheit erinnert und an das Spiel, dieses wilde Spiel, als ihr von Garten zu Garten gerannt seid, durch die ganze Kleinstadt; die Freiheit und die Begeisterung, die dich an Amerika erinnert; die warme Sonne, eine Camel-Zigarette; ein Krabbengebäck in New Orleans, der dunkle Himmel in Colorado; dieser Film, dieser Film … welcher war es doch gleich?

Wenn man depressiv ist, gibt es kein Echo im Kopf. Der Kopf bleibt stumm.

Ich muss mich korrigieren: In *meinem* depressiven Kopf gab es kein Echo.

Was weiß ich schon über die Erfahrung anderer.

Lisbet schickte mir immer noch dicke braune Umschläge mit Zeitungsausschnitten. Meine Mutter und ich, wir trafen uns nach wie vor jeden Sonntag bei den kathartischen Familienmeetings. »Und wie geht es dir, Sigrid?«, fragten die Therapeuten und musterten mich verständnisvoll. »Es ist bestimmt nicht leicht für dich.« Ich weinte und weinte. Eine Erleichterung.

Dazwischen konnte ich kaum das Haus verlassen.

Schließlich machten sich die Therapeuten so große Sorgen wegen meiner Depression, dass sie vorschlugen, ich solle mich als Familienmitglied dort stationär einweisen lassen. Manchmal verstricken sich Angehörige derart in eine Sucht, dass sie selbst Hilfe brauchen. Die Klinik nahm immer wieder solche Personen auf und behandelte sie genauso intensiv wie die Suchtkranken, in den gleichen Gruppen. Mein Bruder musste natürlich zuerst entlassen werden, in eine Zwischenstation in Weston-super-Mare. Er ging, und es gab trotzdem kein Bett für mich – im Sommer würde eines frei werden, hieß es, vielleicht allerdings auch erst später. Ich kam auf die Warteliste.

Und dann, an einem ruhigen Abend im Frühsommer, nahm ich ein Messer und schnitt mir lange, flache Wunden in den Arm. Bluttropfen quollen heraus, Ketten aus roten Perlen. Ich stand in der Küche und ritzte Muster und Streifen, während meine Katze zwischen meinen Beinen hin und her schlich, sich an mich drückte und miaute. Ich weiß noch genau, wie ich überlegte, ob ihr Verhalten Ausdruck von Besorgnis war oder ob der Blutgeruch sie in Erregung versetzte.

Und dann brach ich zusammen. Ich schluchzte, bis ich keine Luft mehr bekam. Ich rief in der Klinik an, und am nächsten Tag gab es ein Bett für mich.

Ich war die erste Patientin, sagte man mir, die sie je auf Antidepressiva setzten, aber von den Tabletten – es war, zumindest in England, noch die Vor-Prozac-Ära – wurde mir schummrig, und ich hörte auf, sie zu nehmen. Mein Bruder war in Weston und schrieb mir einen unterstützenden Brief in munterem Genesungsjargon. Aber ich war nicht suchtkrank, und ich war, von meiner ganzen Veranlagung her und aufgrund meiner persönlichen Erfahrungen, eine Skeptikerin. Was diese Klinik für mich tun konnte, hatte Grenzen. Natürlich half es mir, in einer therapeutischen Einrichtung mit anderen Menschen zusammen zu sein, aber ich sehnte mich vor allem nach einem Messer – war ich vielleicht doch süchtig? Ich wusste, dass ich in der Klinik besser aufgehoben war als zu Hause. Und als der Psychologe die psychometrischen Tests, die bei allen neuen Patienten durchgeführt wurden, auswertete und feststellte, dass mein Profil dem eines typischen Suchtkranken entsprach – *Ich sehe gern Feuer*, lautete eine der Fragen, *ja oder nein?* –, kam er zu dem Schluss, dass ich suchtkrank sei, es mir aber nicht eingestehen wolle. Vermutlich Alkoholikerin, weil ich ja keine Drogen nahm.

Mir war eigentlich alles egal. Ich war mit jedem Etikett einverstanden, solang ich bleiben konnte. Aber die falsche Diagnose untergrub die Logik der Behandlung – sie passte einfach nicht. Als ich meine Lebensgeschichte vortrug, wurde sie von der Gruppe abgelehnt, mit der Begründung, sie sei nicht aufrichtig: Es kamen nicht genügend alkoholbedingte »Probleme« darin vor: keine Beispiele für Verwahrlosung und Verletzungen, die ich mir selbst und anderen zugefügt hatte. Ich trank aber wirklich nicht viel, hatte noch nie viel getrunken. Am

Anfang war ich gefügig, doch dann zog ich mein Eingeständnis, ich sei Alkoholikerin, wieder zurück. Das war ein Zeichen für meine psychische Gesundheit, aber die Therapeuten und die Gruppe deuteten es selbstverständlich anders.

Schließlich stieg ich aus, und zwar, als eins der Gruppenmitglieder aufgefordert wurde, in der Mitte des Kreises auf dem Kopf zu stehen. Zuerst warf man dieser Frau vor, sie weigere sich, den »Rat« der Gruppe zu befolgen, und drohte ihr mit Hinauswurf. Der »Rat« war aber unergründlich – abstrakt und widersprüchlich. Ich glaube nicht, dass einer von uns es geschafft hätte, ihn zusammenzufassen. Als die Frau dann erklärte, sie würde alles tun, um bleiben zu dürfen, murmelte ein Patient, er wolle, dass sie einen Kopfstand macht. Die Therapeuten schritten nicht ein; die Frau, die nicht mehr ganz jung war, stellte sich also auf den Kopf, kurz.

Am nächsten Tag wurde sie trotzdem gebeten zu gehen. Die ganze Erniedrigung war umsonst gewesen.

Ich rief ein Taxi, das mich zum Bahnhof brachte. Dann nahm ich den Zug zurück nach London, nach mehr als zwei Monaten in dieser ländlichen Klinik, bei der die Ausflüge begrenzt waren auf einen Spaziergang in der Woche, und manchmal noch nicht mal das. Sonntags besuchte man immer eine kleine Steinkirche mitten im Wald.

Es war Spätsommer. London war relativ leer. Aber es fühlte sich schockierend betriebsam und aggressiv an.

Keiner der vielen Fremden, denen ich auf der Straße begegnete, ahnte, wo ich gewesen war. Ich schlängelte mich hilflos durch die Menge, plauderte mit dem Taxifahrer, damit er nicht merkte, wie konfus ich war. Wir hielten vor dem Haus in Islington; ich ging die steilen, nackten Stufen zum ersten Stock hinauf. Da war meine Katze: Sie kniff die Augen zusammen und registrierte stumm meine Ankunft. Da waren meine Freunde, die auf die Wohnung aufgepasst hatten. Sie begrüßten mich freudig; wir gingen in die Küche. Und dort, auf dem Schneidebrett, lag, neben unschuldigen Karotten und Lauchstangen, das Messer, mit dem ich mich geritzt hatte. Einer meiner Freunde nahm es beim Reden in die Hand.

Für den Bruchteil einer Sekunde stand die Zeit still. Dann beugte ich mich zu meiner Katze hinunter. Das Leben, mein Leben, konnte wieder beginnen.

*

Rehakliniken sind geschlossene Welten. Seltsame Dinge geschehen dort. Ich fand es schwer, mit Menschen, die diese Erfahrung nicht gemacht hatten, darüber zu sprechen. Sie wurden oft verlegen, als wäre ich plötzlich fromm geworden oder hätte mich einer Sekte angeschlossen. Wenn ich heute darüber nachdenke, staune ich, wie stark »Genesung« damit verbunden ist, Menschen kennenzulernen und blitzschnell vom Status der Fremdheit zur Intimität der Gruppe überzugehen. Leute kamen an, die unbekannt und kaputt waren: Süchtige, arrogant und mit leeren Augen; Bulimiker, demütig und scheu; Magersüchtige, mit ruhig kontrollierendem Blick den Raum überprüfend; Alkoholiker, mit lauten Reibeisenstimmen und redselig; besorgte Angehörige mit nervösem Lächeln. Wir wurden alle in die Gruppe aufgenommen wie neugeborene Entchen. Wir hatten einen Stundenplan mit verschiedenen Sitzungen; wir gingen im Garten auf und ab, auf und ab; wir saßen beim Gemüsegarten und redeten; manche Leute rauchten pausenlos.

Die Sonntage sorgten für Unruhe. Jetzt begriff ich, wie schwer die Familienmeetings waren, von der anderen Seite betrachtet, und wie die Therapeuten diese Meetings abschirmten, um uns zu schützen. Die Sonntagabende waren immer gedämpft und ernst, mit dem wöchentlichen offenen Zwölf-Schritte-Meeting. Jeder konnte kommen, aber die meisten Teilnehmer waren ehemalige Patienten und diejenigen Therapeuten, die selbst in der Genesungsphase waren.

Und obwohl ich wusste, wie fehlbar eine Gruppentherapie war, und überhaupt, wie begrenzt die Behandlungsmöglichkeiten, glaubte ich auch weiterhin, dass solche Kliniken für Hans und Eva das Richtige waren. Es ist ähnlich wie mit der Schule für die Kinder, an die man ja auch glaubt – einfach, weil es keine Alternativen gibt.

Nach und nach ging es mir besser, und ich arbeitete wieder an meiner Promotion. Aber ich war immer noch nicht stabil und tendierte dazu, mich viel zu sehr mit dem Schicksal und dem Leben der anderen zu identifizieren. Es ging ja nicht nur um meinen Bruder. Vorher hatte die Wohnung in Islington eine Freundin mit schwerer Magersucht beherbergt, dann eine andere Freundin, die Alkoholikerin geworden war. Ich wollte helfen. Ich meinte es gut, aber meine eigenen inneren Grenzen waren so durchlässig. Nach der Klinik bemühte ich mich, irgendwie klarzukommen. Ich suchte mir eine andere Wohnung; ich überspielte, wie angespannt ich war, und versteckte meine Panikattacken – so oft dachte ich, jetzt muss ich sterben, mein Mund war wie betäubt, mein Kopf erstarrt vor Angst.

Ein paar Jahre später, 1993, brach ich auf nach Estland, in eine müde, halbmoderne Kleinstadt, die in einer ehemaligen Schutzzone an der Grenze zur Sowjetunion lag. Dort lebte ich ein Jahr lang und führte Feldstudien durch, für meine Doktorarbeit über den Prozess der Dekollektivierung. Estland spiegelte meinen inneren Zustand wider: Es gab so gut wie keine sozialen Einrichtungen, keine brauchbaren Sicherheitskräfte. Die Menschen mussten gegen die Auswirkungen von Zensur und stalinistischer Repression ankämpfen – Estland war geprägt von der Geschichte und vom Verlust der Geschichte.

Aber es war sehr friedlich dort. Nach und nach heilte

ich mich selbst, durch lange Spaziergänge, durch Lesen und vor allem durch meine Recherchen und das Schreiben. Ich interessierte mich sehr für diesen seltsamen Ort und die staatlichen Verhältnisse, und es gelang mir, mich aus den Nachwehen der Depression herauszuschreiben.

Aber man muss nur hinter die Tür schauen – und schon ist sie wieder da.

Ich habe Migränesymptome, die Gehör und Sehkraft betreffen, Migräne ohne Schmerzen. Aber der Schmerz ist trotzdem da, ein lauernder grauer Schatten. Ich spüre ihn nur nicht. Ich will nicht nach ihm tasten, weil ich Angst habe, dann könnte er kommen. Bei der Depression und den Angstzuständen verhält es sich ebenso.

Und natürlich kam alles immer wieder hoch in den gut zwanzig Jahren, die ich nun weg bin aus Estland. Inzwischen habe ich allerdings Verteidigungsstrategien entwickelt, meine eigene innere Welt. Ich weiß heute zu viel, um mich herunterziehen zu lassen. Ich trickse meine Gedanken aus, ich muss über Risse und Spalten springen, und ich schaffe es.

Eric steht auf der anderen Seite und ruft mich. Anscheinend sieht er etwas in mir, was sich zu retten lohnt, er sieht meine Kraft. Doch selbst er versteht nicht ganz, wie das ist, wenn die Depression zurückkommt: dass sie sich anfühlt wie die wahre Wirklichkeit, wie das trübe, vernünftige Tageslicht nach einer berauschenden Nacht. Erinnerung und Identität verblassen; mein Selbstbewusstsein erscheint mir wie eine Pose, ein High, eine betrunkene Illusion. Mein wahres Ich ist eine bedeutungslose, knochige Gestalt mit einem klugen, realistischen Kopf. Einem müden Kopf.

»Für wen hältst du dich eigentlich«, sagt Eric liebevoll, mit einem gespielten schwedischen Akzent, und er mustert mich, die grünen Augen zusammengekniffen. Er sagt es, um mich daran zu erinnern, dass ich Schwedin bin und nicht vergessen darf, welche Auswirkungen das Nationalethos hat, mit dem ich aufgewachsen bin – der Satz *Für wen hältst du dich eigentlich* ist mir in Fleisch und Blut übergegangen. *Glaub nicht, dass du etwas Besseres bist als die anderen*. Eric ruft mir die komplexe Struktur der Depression ins Gedächtnis – teils Kultur, teils angeboren –, weil er mir sagen will, dass das, was sich so real anfühlt, diese depressive Standardeinstellung, nicht unbedingt auch heute noch zutrifft.

Wir diskutieren darüber, ob Depressionen und Sucht genetisch bedingt sind oder durch Umwelteinflüsse entstehen. Ich schreibe die Geschichte einer Sucht – das scheint zu implizieren, dass ich an äußere Gründe glaube. Aber eigentlich denke ich, dass alle Gefühlszustände eine Kombination aus genetischen, emotionalen und kulturellen Faktoren sind. Wenn man einen der drei Faktoren den anderen überordnet, ist das meiner Ansicht nach methodisch falsch – die beteiligten Faktoren sind vielschichtig und ganz unterschiedlich, sie sind eher wie die Farben bei einem Gemälde und nicht wie die feststehenden Noten einer Musikkomposition. Die Gene bilden *einen* Faktor: Vielleicht gibt es bei uns eine genetische Abweichung, bei meiner Mutter und bei ihrem Großvater und bei anderen – eine Mutation oder mehrere, die sich durch die Generationen fädeln. Ich glaube nicht, dass meine Depression durch das Verhalten meines Bruders hervorgerufen wurde. Möglicherweise gibt es zwischen uns ein ganz anderes Geschwisterding – meine Depression, seine Sucht, ein ähnliches emotionales Defizit, ein ähnlicher emotionaler Zustand.

Andererseits gibt es ja durchaus so etwas wie depressiven Realismus: Studien zeigen, dass Menschen mit Depressionen tendenziell realistischer sind als andere, wenn sie ihre eigenen Fähigkeiten und ihr soziales Ansehen in der Gruppe einschätzen. Fröhlichkeit und Belastbarkeit sind ebenfalls Mutationen. Die nüchterne Sicht des Lebens – wir leben, wir leiden, wir sterben – kann unerträglich sein ohne die berühmte rosarote Brille, ohne unsere Neigung zu Optimismus und Glücklichsein. Resilienz hilft uns zu überleben.

Es ist nicht einfach, das komplexe Gefüge unserer Gefühlswelt zu verstehen und zu erklären. Zu beschreiben, wie ein bestimmter Wein schmeckt, fällt schon schwer genug. Für Emotionen Worte zu finden ist noch viel schwieriger. Wir benutzen codierte Formeln dafür, wie wir uns fühlen, aber eigentlich empfinden wir durch den Körper, nicht den Kopf: die aufsteigende Hitze und der rasante Energieschub der Wut; das Zittern der Angst, die Erschöpfung der Depression, das freie Schweben des Glücks, die ziehende Kraft des Begehrens.

Und was ist mit den anderen Empfindungen, den körperlichen Symptomen, die keinen Namen haben, jedenfalls keinen, den ich kenne? Zum Beispiel habe ich oft diesen Aschegeschmack im Mund, der mir sehr unangenehm ist. Manchmal hüllt mich ein Geruch ein – ein Moderduft, das Aroma von Honig –, der vielleicht nur ein Phantom sein mag, vielleicht aber auch real.

Wir existieren im Körper und im Gehirn; die beiden begegnen sich im Bewusstsein, im Denken. Nichts, was wir fühlen oder denken, ist ausschließlich körperlich oder reine Einbildung – das Gehirn interpretiert den Körper, und der Körper interpretiert das Gehirn. Aber wir müssen trotzdem versuchen, zu beschreiben und zu verstehen. Wie David Grossman gesagt hat: Dass wir Emotionen in Worte fassen, macht uns zu Menschen. Es unterscheidet uns vom Tierreich. Ein Narrativ zu schaffen hilft uns zu verstehen. Und negative Gefühle nicht zu verstehen kann gefährlich sein. Wenn man nicht versucht, eine Depression zu begreifen, kann sie aus uns etwas machen, was wir nicht sind und nie waren. Wir können zu Menschen werden, die eine Kette aus Blutperlen vom Handgelenk bis zum Ellbogen ziehen, ein blutrotes Schmuckstück, wie eine Spitzenborte, wie Fäden aus Licht.

5

Im Mai 2005 fuhren wir eine Woche nach Schottland. Ich musste in letzter Minute den Schlafwagen nehmen – ich war erkältet und konnte deshalb nicht mit Eric und Daniel fliegen. *Es ist heiß draußen; der Zug ist merkwürdig trostlos*, schrieb ich in mein Tagebuch.

Ich dachte nicht an Hans und Eva. Ich schrieb und las alte Tagebucheinträge über Daniel, blätterte von Seite zu Seite, von Jahr zu Jahr – ich vermisste ihn, obwohl ich mich gerade eben von ihm verabschiedet hatte und ihn schon am nächsten Tag wiedersehen würde. Die Nostalgie des Mutterseins: Daniel war damals acht, die ersten Jahre lagen schon hinter uns, das Echo der Erinnerungen hallte wider, wie aus der Tiefe eines trockenen Brunnens. Ich hatte ein paar Sachen aufgeschrieben, die er gesagt hatte, als er noch ganz klein war, und im Zug nach Schottland las ich sie wieder durch.

»Mummy, wenn man eine Erkältung hat, heißt das, man hat was Kaltes gegessen?«

»Mummy, ich habe heute Nacht was ganz Tolles geträumt. Ich habe geträumt, meine Seele wird mir aus der Nase gezogen, und sie ist ganz blau.«

»Mummy, ich bin krank.«
»Wo tut's denn weh?«
»Überall. Alles tut mir weh, nur mein Herz nicht. Mein Herz ist okay.«

Mutterliebe. *I love you and you love me.*

Vor kurzem war ich in Paris, um bei Shakespeare and Company, dem englischsprachigen Buchladen, eine Ausgabe von *Granta* vorzustellen. Am folgenden Tag ging ich den Fluss entlang zum Zoologischen Garten. Es war noch früh, und das Yak döste ganz allein in seinem Gehege. Es wachte auf und musterte mich nachdenklich. Schwere Hörner, zerzaustes Winterfell, blonde Ponyfransen. Die Stallung war eine Verbeugung vor dem tibetischen oder mongolischen Baustil, allerdings nicht dem Yak zuliebe. Ich hatte Rückenschmerzen und fühlte mich so eingerostet, so alt.

Ich ging weiter, zum Affenhaus. Eine Meerkatzenmutter saß da mit ihrem Jungen. Das Kleine schlang die langen Arme eng um die Mutter und schmiegte sich in ihren Schoß, die winzigen schwarzen Hände in ihr weiches Fell gekrallt. Die Mutter aß etwas, die Mutter ruhte sich aus, sie wirkte absolut gelassen. Hinter ihr saß ein schon etwas größeres Junges, planlos, ein wenig rastlos.

Vor nicht allzu langer Zeit hatte sich dieses Junge auch in das warme, saubere Fell der Mutter gekuschelt. Jetzt saß es hinter ihr, immer noch sicher und geborgen.

Ich dachte an Harry Harlows Rhesusäffchen. In einer Reihe von Experimenten hat der amerikanische Psychologe Harry Harlow in den fünfziger Jahren Babyaffen von der Mutter getrennt und ihnen zur Auswahl eine »Mutter« aus Stoff angeboten und eine aus Drahtgitter. Die Drahtmutter gab den Jungen Milch, aber sie wollten trotzdem lieber zu der weichen Stoffmutter, zu der Mutter, an die sie sich schmiegen konnten. Die Stoffmutter quälte die Jungen mit Metallstacheln und schubste sie weg, aber sie hielten sich trotzdem an ihr fest. Harlow fügte ihnen Schmerzen zu, um etwas über das universelle Wesen der Liebe zu erfahren. Er suchte, naiv und fasziniert, nach der unsichtbaren Essenz der Liebe, welche die meisten Menschen intuitiv erfassen, auch zwischen Tieren.

Mutterliebe, Kinderliebe. Ich ging zu Fuß zurück in mein Hotel, mein Dachzimmer. Ich dehnte meinen Rücken, dann legte ich mich aufs Bett, schwer wie ein Yak.

*

Wir haben einen neuen Welpen, einen seidigen Spaniel. Ich liege auf dem Sofa, er kuschelt sich auf meinen Bauch, windet und dreht sich, zeigt mir seine rosarote Unterseite und mustert mich mit seinen pechschwarzen

Augen. Was sieht er? Plötzlich hört er ein Geräusch, ein Gurgeln – er ist sofort hellwach, dann springt er wie ein Fuchs, der im Schnee Feldmäuse jagt, wühlt seine Nase in meinen Bauch. Ich lache, drücke ihn an mich. Was bin ich für ihn, wenn mein Körper auch eine Schneeverwehung sein könnte oder ein Blätterhaufen, in dem sich Mäuse verstecken? Er kennt mich, aber so wie er mich wahrnimmt, scheint es ihm möglich, dass sich in mir etwas Lebendiges, Leckeres verbirgt, etwas zum Fressen, und er glaubt, die Oberfläche des Körperschnees durchdringen zu können.

Mein kleiner Hund umwirbt mich; er dreht sich wieder auf den Rücken, er unterwirft sich, er beißt, er beißt. Ich hebe ihn hoch, küsse ihn auf die Stirn, er hebt den Kopf, wie nebenbei, und leckt mir über die Lippen, einmal, blitzschnell. Dieses Lecken dient den Welpen dazu, einen Fütterungsreflex auszulösen – Hunde ernähren ihre Jungen mit ausgewürgter Nahrung –, aber ebenso ist es ein Ausdruck von Zuneigung.

Was bedeutete das Blut auf meinem Arm für meine Katze? Vielleicht liegt – beim Menschen, beim Tier – die Wahrheit genau darin, dass die Gedanken so gut wie nie nur einer Sache gelten. Meine zärtliche alte Katze, die wir als struppiges Kätzchen auf der Straße aufgelesen haben, war garantiert begeistert von dem Blutgeruch – und gleichzeitig ist sie erschrocken. Manchmal entgehen uns die Feinheiten, die endlose Kette der Kausalzusammenhänge, die Farbnuancen auf der Leinwand, das wirkliche Leben.

Text und Sprache sind nur Repräsentationen des wirklichen Lebens.

*

Im Sommer 2006 wäre Eva beinah an einer Endokarditis gestorben, an einer Entzündung der Herzinnenhaut, wahrscheinlich verursacht durch verunreinigte Spritzen. Ihr Herz war geschädigt, und sie musste operiert werden: Eine der Herzklappen wurde ersetzt und ein Schrittmacher implantiert, um den Herzschlag zu regulieren. Hans, tief in seine eigene Sucht verstrickt, hatte gar nicht gemerkt, wie schlecht es ihr ging. Und sie selbst hatte es auch nicht gemerkt, glaube ich.

Der Schrittmacher bildete ein kleines Viereck direkt unter der Haut, unterhalb des Schlüsselbeins; Eva machte Witze darüber und fuhr fort mit ihrem gewohnten Leben. Ich erinnere mich genau, wie ich einmal vor irgendeiner Wohltätigkeitsveranstaltung mit ihr vor dem Spiegel stand. Sie puderte ihr ausgemergeltes Gesicht, dann die Haut über dem Schrittmacher und lachte. Sie war so mager.

»Es ist echt nicht mehr lustig«, sagte später jemand zu mir.

War es je lustig?

Nach dem Sommer beschloss unsere Seite der Familie im Interesse der beiden zu intervenieren. Alles war durchgeplant, zwei Plätze in einer Entzugsklinik organisiert, der Transport vorbereitet. Wir trafen uns in London vor dem Haus, in dem Hans und Eva wohnten.

Wir nahmen bei ihnen Platz. Hans hörte geduldig zu, als ich unseren Interventionsbrief vorlas, aber Eva stürmte empört aus dem Haus. Eric lief hinter ihr her, um sie zurückzuholen, aber sie blieb nicht stehen, sondern rannte die King's Road hinauf.

Das Argument, wir hätten sie ausgerechnet in der Phase konfrontiert, als sie sich gerade von ihrer Herzoperation erholte, brachte sie später immer und immer wieder aufs Tapet. Es klang dann fast so, als hätten wir sie überfallen, kaum dass sie zur Krankenhaustür herauskam, als hätten wir nachgetreten, obwohl sie schon auf dem Boden lag, als hätten wir ihr auf dem Kopf herumgetrampelt. Die Tatsache, dass wir ihr zu helfen versuchten, passte nicht mehr in ihr Narrativ – in einem früheren Stadium hatte sie manchmal immerhin eingeräumt, dass wir es *gut meinten*. Das war jetzt vorbei.

Hans rief sie an, aber sie kam nicht zurück. Wir hörten seine Seite des Dialogs: »Okay, aber in manchen Punkten haben sie recht«, sagte er, vernünftig. Sie widersprach, er horchte schweigend. Das Ergebnis war, dass Hans ins Osea Island Rehabilitation Centre ging, das in der Themsemündung lag, während Eva zu Hause blieb. Und weil die Beziehung eine *folie à deux* war, in deren Mittelpunkt ihre sich wechselseitig bestätigende Sucht stand, also eine sehr wirkungsvolle Normalisierung des Nichtnormalen, brachte Evas Weigerung nicht nur sie selbst in Gefahr, sondern ihn ebenso.

Hans blieb nur ein paar Tage in Osea Island. Er kam mit einem Heroinvorrat und war sichtlich in schlechter Verfassung. Das Personal, das sich an einem neuen Gesetz zum Schutz von Kindern orientierte, sah sich verpflichtet, Kontakt mit dem Sozialamt aufzunehmen. Von diesem Herbst an waren dann Sozialarbeiter involviert. Es gab eine Reihe von Vorfällen, die in einem Sorgerechtsstreit gipfelten, und im Mai 2007 kamen die vier Kinder von Hans und Eva zu uns.

Ich lese den Absatz oben noch einmal durch und mir fällt auf, wie extrem verkürzt alles dargestellt ist. Ich habe ganze Aktenschränke mit juristischen Unterlagen und Gerichtsbeschlüssen. Ich ertrage es nicht, die Papiere anzusehen. Ich weiß noch nicht einmal genau, wo sie sich befinden, weil der Abstellraum in Sussex, in dem ich die Aktenschränke hatte, inzwischen die Küche für den großen Spielbereich im Untergeschoss ist, und die Bauarbeiter – oder sonst irgendwelche Leute – müssen die Schränke anderswo hingestellt haben. Ich ahne, wo sie sein könnten, aber ich weiß nicht, wo die Schlüssel sind.

Mir fällt jetzt erst auf, wie merkwürdig dieses Nichtwissen ist.

Aber vielleicht ist es gar nicht so merkwürdig. In den Aktenschränken stecken all die traurigen und jämmerlichen Details, die ich aus diesem Buch herausgestrichen habe.

Je veux dormir!, schrieb Baudelaire in seinem Gedicht »Le Léthé«. Ich verschließe die Schränke, ich verliere die Schlüssel, ich will schlafen, ich will vergessen. Stattdessen schreibe ich und kämpfe gegen den Schlaf.

Mühsam versuche ich, mich zu erinnern. Was war da, wie war diese Zeit, als wir versucht haben, Hans und Eva zu retten …

Wo sind die Schlüssel?

Im Herbst 2006 ging es Hans und Eva immer schlechter, aber sie erlaubten uns noch, die Kinder zu sehen – später haben sie uns auch das untersagt. An einem Wochenende besuchten uns die beiden jüngsten in London. Als ich sie nach Hause fuhr, sahen wir zufällig meine Stieftochter Natasha, damals sechzehn, auf der Straße. Ich hielt an, um sie zu begrüßen.

Beim Weiterfahren sagte mein jüngster Neffe, der damals fünf war: »Ich denke was, aber ich darf's nicht sagen.«

»Was denkst du?«

»Sie weiß es.« Er stieß seine Schwester an.

»Was denkt ihr zwei?«

»Hat Natasha eine Mummy?«

»Ja, sie hat eine Mummy, und sie wohnt auch bei ihr.«

»Aber bei wem würde sie wohnen, wenn ihre Mummy stirbt?«

»Na ja – dann würde sie bei uns wohnen.«

»Und bei wem würde sie wohnen, wenn ihr sterbt?«

»Dann … dann würde sie bei Lisbet wohnen.«

»Und bei wem würde sie wohnen, wenn Lisbet stirbt?«

Und so weiter, bis sämtliche Familienmitglieder und auch die Bekannten der Familie tot waren und überhaupt alle Menschen auf der Erde und alle Hunde ebenfalls – und meine Stieftochter ganz allein übrig blieb, im gesamten Universum.

Bei wem würde sie dann wohnen?

*

Ich glaube, Hans war zwischen 2006 und 2007 in insgesamt sieben Suchtkliniken – Osea Island war nur eine von vielen. Amy Winehouse war ebenfalls dort, irgendwann – »eine blöde kleine Insel mitten im Nirgendwo«, sagt jemand zynisch in dem Film *Amy*. Sie ist dort mit ihren Freunden zusammen, sie sitzen herum, einer bürstet ihr die Haare, sie rauchen und kichern.

Osea Island musste schließen, als sich herausstellte, dass der Leiter der Klinik bei seiner Bewerbung beim Punkt »Qualifikationen« gelogen hatte. *Eine blöde kleine Insel mitten im Nirgendwo*, mit einem Aufnahmestudio im Keller für die Suchtkranken aus der Musikindustrie.

Aber trotzdem informierte die Leitung das Sozialamt, als Hans nach ein paar Tagen wieder ging.

Das war gut.

*

Im Sommer 2015 wurde in Simbabwe der Löwe Cecil, welcher weltberühmt werden sollte, von einem amerikanischen Zahnarzt erschossen. Alle redeten über Cecil. »Es gibt eine Regel für prominente Löwen und eine andere Regel für alle übrigen«, schimpfte jemand aufgebracht im Radio. Ich musste lachen, allein in meinem Auto, auf der Fahrt quer durch London.

Ich hatte schon begonnen, dieses Buch zu schreiben, und wachte jede Nacht in Panik auf, weil ich Angst hatte – ich stellte mir scheußliche schwedische Schlagzeilen vor:

ERBIN SIGRID RAUSING PLAUDERT ÜBER RAUSCHGIFTSUCHT IHRES BRUDERS

RAUSING-VERBINDUNG ZU PALME-MORD GELEUGNET

SIGRID RAUSING ÜBER IHREN BRUDER: »ER WUSSTE SCHON, DASS SIE TOT IST«

DIE FAMILIENGEHEIMNISSE DER RAUSINGS

HANS RAUSING HAT OLOF PALME NICHT ERMORDET, SAGT TOCHTER

Kann ein Buch über diese Geschichte geschrieben werden, ohne Bezug auf die Boulevardpresse und ihre Schlagzeilen?

Ein Traum: Ich betrete ein Café in Kopenhagen. Niemand kennt mich. Was für eine Wohltat. Auf der Tafel mit den Gerichten steht: RAUSING HAT ZU VIEL GEZAHLT. Man wirft mir offenbar vor, dass ich mein eigenes Lösegeld bezahlt habe. Das Lösegeld – *zu viel* – unterstützt zwangsläufig die Sache der Extremisten. Im Traum merke ich, wie maßlos traurig ich bin.

Es gab eine reale Verbindung zwischen Kopenhagen und Entführung: Vor mehr als dreißig Jahren deckte die dänische Polizei ein Komplott von Terroristen auf, die einen meiner Cousins entführen wollten. Ein Verkehrsunfall führte die Polizei zufällig in eine Wohnung voller Waffen – die Gruppe, dänische Radikale mit Kontakten zur PFLP, der Volksfront für die Befreiung Palästinas, hatte sich darauf spezialisiert, Waffendepots des Militärs auszurauben. Die Polizei entdeckte außerdem ein Dossier: einen detailliert ausgearbeiteten Plan für die Entführung. Ich habe den Plan selbst nie gesehen, erfuhr aber, dass ein Käfig, ein Boot, eine Hütte in Norwegen dazugehörten. Der Käfig sollte im Meer versenkt werden, falls man ihnen folgte.

Das ließ mich jahrelang nicht los.

Es lässt mich immer noch nicht los.

Davor gab es bereits andere Entführungsdrohungen. Ich erinnere mich an Polizisten und an neue Alarmanlagen, an heulende Sirenen, die dauernd losgingen, im stillen Wald bei unserem Wochenendhaus.

Die Tochter eines deutschen Bekannten meiner Eltern schloss sich der Baader-Meinhof-Gruppe an. Ein anderer Mann wurde von seiner eigenen Stieftochter erschossen – auch sie hatte sich radikalisiert und sich den Terroristen angeschlossen.

Wie oft mussten wir uns mit Vertretern von Sicherheitsfirmen treffen und Entführungsszenarien durchspielen! Wie oft mussten wir die Abfolge von Telefonanrufen proben und uns die Nummern einprägen und die eventuellen Verhandlungen einstudieren! Wie oft hat man uns eingetrichtert, unter dem Radar zu bleiben, niemals mit Journalisten zu sprechen, Routineabläufe zu ändern, auf keinen Fall Widerstand zu leisten!

Mein Großvater Ruben hatte seit den frühen siebziger Jahren in Rom gelebt. Nachdem einer seiner Nachbarn entführt worden war, zog Ruben in die Schweiz, nach Lausanne, um im Nebel des Genfer Sees Schutz zu suchen, in einer Stadt mit Banken und Schuhgeschäften und mit missgebildeten Föten in den Glasbehältern des Städtischen Museums.

Das ist viele Jahre her, es war vor der Sucht, vor den ersten Schlagzeilen und lange vor Evas Tod.

Doch dann fing es an mit den Überschriften in den Zeitungen, und ein Scheinwerfer nach dem anderen wurde auf uns gerichtet. Wie erstarrt standen wir in einer riesigen, leeren Arena und blickten uns um.

Das mächtige alte Patriarchat, das die Familie dirigiert hatte, war erledigt oder brach gerade in sich zusammen. Das Unternehmen wurde verkauft. Wir waren auf uns gestellt.

Das Wesen von Privilegien: was sie bedeuten und was sie nicht bedeuten. Freude und Elend, Sicherheit und Risiko, persönliche Annehmlichkeiten, Glamour und Neid.

Man ist immer ein Stück von den anderen entfernt.

Macht. Die Familie als Polizeistaat. Ich konnte mich noch nie mit Macht anfreunden, bis heute nicht, wodurch es für mich noch schwieriger wurde, mit Hans' und Evas Sucht umzugehen, als es ohnehin schon war. Ich fühlte mich sehr unwohl mit dem Panopticon-Gefängnis, das wir unwissentlich geschaffen hatten: eine Hausmacht aus Anwälten, Sicherheitsberatern, Suchtexperten und Familiennetzwerken. Schuldgefühle nagten an mir, ich war wie ein nervöser Hund, der in einem dunklen Fenster sein eigenes Spiegelbild erblickt.

Aber ich hatte nie Zweifel, was unsere Absichten betraf: Wir wollten Hans und Eva helfen. Diese Hilfe wurde jedoch als Machtausübung gedeutet, als Repression, als Streben nach Kontrolle, als feindliche Übernahme durch die Familie. Hans und Eva schwankten hin und her, mal leugneten sie vehement, dass irgendetwas nicht stimmte, dann wieder gaben sie uns die Schuld an allem, was nicht stimmte – dieser Mechanismus erscheint den meisten Menschen, die sich mit Sucht auseinandersetzen müssen, bestimmt bekannt. Wir lernten auch die entgegengesetzten Pole von uneingeschränkter Liebe und liebevoller Strenge kennen und wie sich Familien in Falken und Tauben aufspalten. Die Tauben finden die Falken viel zu hart und lieblos, während die Falken glauben, dass die Tauben die Abhängigkeit unterstützen und coabhängig werden. Jede Seite wirft der anderen vor, entweder heimlich oder offen, dass sie für das Schicksal des Süchtigen verantwortlich ist. Die Aufteilung in Falken und Tauben ist natürlich nicht nur für Suchtfamilien typisch, aber dort kann die Auseinandersetzung besonders bitter werden, weil die Verstrickung der Familie Teil der Suchtkrankheit ist.

Unstimmigkeiten sind so interessant. Wir gehen von Diskurs zu Diskurs, von Kulturtradition zu Kulturtradition, je nachdem, was uns in der spezifischen Situation mehr nützt. Unsere Denkweise ist geformt von den unzähligen Schichten der Geschichte, von den verschiedenen kulturellen Strängen, von all den Gesprächen, Codes und Auslösern, die wir kennen: Die Kultur wächst – und gleichzeitig ändert sie sich. Zum gegenwärtigen Zeitpunkt der Geschichte haben sich so viele Modelle angesammelt – kulturelle, literarische, naturwissenschaftliche –, und es gibt unglaublich viele verschiedene Linsen, durch die wir uns selbst und die Welt betrachten und verstehen können, wobei jede sich durch die anderen bricht und sich in ihnen spiegelt. Es gibt keinen Metadiskurs mehr, es gibt keine Gewissheit, kein vorherrschendes Denksystem. Was man im Kontext der Psychoanalyse über das Begehren oder die Wut oder einen Traum sagt, ist nicht das Gleiche wie das, was man im Alltag darüber sagen kann. Den Kontext zu verschieben ist gängige Praxis bei Streitigkeiten, sowohl in der Boulevardpresse als auch vor Gericht. Das sind die Domänen von Angriff und Verteidigung.

Verständnis und Verzeihen sind verbunden mit der Vorstellung, dass bestimmte Handlungen in manchen Kontexten »normal« erscheinen oder vielleicht sogar normal oder zumindest nachvollziehbar *sind*, während sie es in anderen Zusammenhängen nicht sind. »Normal erscheinen« sie, wenn wir an absolute ethische Werte glauben, »normal *sind*« sie, wenn wir echte Relativisten sind.

Ich bin Lektorin, aber eigentlich Sozialanthropologin. Und ich werde wahrscheinlich immer zu kulturellem Relativismus tendieren. Anthropologen fühlen sich stets dem Kontext verpflichtet; das heißt, sie wollen die Kultur aus sich selbst heraus erklären. Aber aktuelle Diskussionen gehen hin und her zwischen Relativismus und absoluten Werten; zwischen dem Erforschen unbekannter psychischer Territorien und den Wahrheiten des Boulevards; zwischen dem echten *Bemühen zu verstehen* und der Tendenz, auf schlichte, wertende Systeme von Richtig und Falsch zu rekurrieren.

Das Wesen der Sucht taucht in solchen Gesprächen und Paradigmen immer wieder auf. Nichts ist sicher. Wird man süchtig geboren oder dazu gemacht? Ist Sucht eine genetische Mutation, ein psychologischer Zustand, eine Kultur der Rebellion? Sind Süchtige Opfer oder Täter? Süchtige zerstören Familien – vielleicht dadurch, dass sie so verzweifelt suchen, was sie als kleine Kinder nicht bekommen haben oder was sie *glauben*, nicht bekommen zu haben: die Geborgenheit der Elternliebe? Weisen Süchtige die Liebe zurück, indem sie dafür sorgen, dass man sie nicht mehr lieben kann? Oder zerstören sie die Familien blindlings, zufällig, nebenbei, überwältigt von Verlangen, betäubt von Drogen?

Den Süchtigen ist das egal. Aber könnte die grenzenlose Gleichgültigkeit, die Süchtige gegenüber dem Leid anderer an den Tag legen, vielleicht auch bedeuten, dass sie glauben, die anderen seien ihrem Leid gegenüber völlig gleichgültig? Oder greifen Süchtige zur Selbstmedikamentierung, weil sie tatsächlich schmerzempfindlicher sind als andere, wie manche Neurowissenschaftler geltend machen?

Ich glaube, dass Sucht angeboren ist, und zwar in dem Sinn, dass das Kind die biologische Basis emotionaler Dysfunktion in sich trägt, die dann unter gewissen Umständen zu einem Abhängigkeitssyndrom führen kann. Aber wir alle weben unsere eigenen Narrative im Lauf der Zeit, und auch diese Narrative sind wahr. Die Geschichten werden unser Leben. Der Süchtige ist als solcher geboren, und der Süchtige wird erst dazu gemacht. So wie wir alle.

Was ich zu sagen versuche, ist Folgendes: Ich bin in ein Netz aus Unsicherheiten geraten, das mich immer noch nicht freilässt. Ich tappe im Dunkeln.

Damit bin ich selbstverständlich nicht allein. Wir alle tappen im Dunkeln.

»Das Hühnchen ist ziemlich trocken, und / oder du hast mein Leben ruiniert«, schreibt Ben Lerner in einem seiner Gedichte.

Plötzlich muss ich lachen.

6

Im Frühjahr 2013 saß ich beim Charleston Literaturfestival in Sussex auf dem Podium und moderierte eine Veranstaltung mit den Autoren Patrick McGrath und Olivia Laing über den Zusammenhang zwischen Kreativität, Wahnsinn und Alkoholismus. Meine Mutter saß im Publikum, ihre langen, glatten Haare zu einem Dutt frisiert. Sie lächelte wohlwollend und nur ganz leise ironisch und nickte mir ermunternd zu. Es war ein Jahr nach Evas Tod, und mein Bruder befand sich immer noch unter gerichtlicher Führungsaufsicht.

Eine Zuhörerin stellte eine Frage. Wir würden den Eindruck erwecken, sagte sie, als sei Sucht genetisch bedingt oder zumindest angeboren, wo doch der Grund dafür ganz eindeutig ein Mangel an Geborgenheit in der frühen Kindheit sei. Sie wisse dies aus ihrer Erfahrung als praktizierende Psychotherapeutin. Ich schaute meine Mutter an, während diese Therapeutin redete, und mich überrollte eine Welle der Wut, ihretwegen. Meine Mutter hatte jahrzehntelang die Sucht meines Bruders ertragen müssen, nur um nun wieder verurteilt zu werden, hier in diesem hübschen Zelt, während draußen die Kühe muhten und man die Hügel der South Downs ahnte und dahinter das Meer. Sie erwiderte meinen Blick so gelassen, dass ich mich fragte, ob sie die Frage überhaupt gehört hatte.

Meine Mutter als Kind. Sie lag mit gebrochenem Bein im Schnee, und die anderen Kinder ließen sie einfach liegen – alle dachten, sie wolle sich nur wichtig machen. (Selbstverständlich hatte sie intellektuelle Ambitionen, damals schon, als ihre zentrale Inspiration noch eine billige Ausgabe von *Wie wird man ein japanischer Samurai* war.)

Ich glaube, die Samurai-Moral leistete meiner Mutter gute Dienste damals im Schnee – und auch in den folgenden Monaten auf der Frauenstation im Krankenhaus, wo sie liegen musste, das Bein im Streckverband, umgeben von ansteckenden Infektionen und Blutvergiftungen.

Mein Vater als Kind – bevor seine Mutter krank wurde und starb.

Sie wacht über mich, während ich schreibe, und ihr Gesicht ist so sanft. Sie war mit Sicherheit schon krank, als dieses Foto aufgenommen wurde.

Ich möchte über niemanden urteilen, niemanden bewerten. Und die Wissenschaft, die weniger voreingenommen ist als die populäre Kultur, bestätigt mich darin.

DSM-5, die neueste Ausgabe des *Diagnostic and Statistical Manual of Mental Disorders* der American Psychiatric

Association, geht davon aus, dass das Risiko, an Alkoholismus zu erkranken, zu vierzig bis sechzig Prozent genetisch bedingt ist. Und fügt hinzu, dass jedes beteiligte Gen vermutlich nur jeweils ein bis zwei Prozent dieses Risikos ausmacht. Mit anderen Worten: Es sind viele und ganz verschiedene Gene verantwortlich, aber es gibt genügend Studien, um die Vererbbarkeit von Alkoholismus ohne Zweifel nachzuweisen.

Die *DSM-5*-Argumente für die genetische Komponente bei Opioidabhängigkeit scheinen etwas weniger zwingend:

> Das Risiko von Opioidmissbrauch kann mit Faktoren in Zusammenhang gebracht werden, die das Individuum, die Familie, die Gruppe und das soziale Umfeld betreffen, doch innerhalb dieser Domänen spielen genetische Faktoren eine besonders wichtige Rolle, sowohl direkt als auch indirekt. Beispielsweise sind Impulsivität und Erlebnishunger individuelle Veranlagungen, die Drogenmissbrauch zur Folge haben können; sie sind aber möglicherweise selbst auch genetisch bedingt. Bezugsgruppenfaktoren können mit genetischen Dispositionen zusammenhängen, welche beeinflussen, wie eine Person ihre Umgebung auswählt.

Der Psychiater und Suchtexperte Markus Heilig stellt in einem neuen Buch die These auf, dass alle Suchtstörungen mäßig bis hochgradig erblich bedingt sind. Seiner

Schätzung nach wird jede Sucht zu fünfzig bis siebzig Prozent durch ererbte Komponenten ausgelöst. Freier Wille und das Umfeld, vor allem eine Kindheit in Armut, die Erfahrung von Gewalt und ein bildungsfernes Milieu, ergeben die restlichen Risikofaktoren. Heilig glaubt, genau wie die Verfasser des *DSM-5*, dass Sucht zusammenhängt mit Impulsivität und einer verminderten Fähigkeit, Belohnung hinauszuzögern.

Es gibt viele Studien zur Frage des Belohnungsaufschubs. Die berühmteste wurde in den späten sechziger Jahren an der Stanford University durchgeführt – der sogenannte Marshmallow-Test. Der Psychologe Walter Mischel untersuchte eine Gruppe von Kindern, die alle die Bing Nursery School an der Universität besuchten. Die Kinder, zwischen vier und sechs Jahre alt, wurden der Reihe nach an einen Tisch gesetzt – in einer ansonsten leeren Kabine. Vor dem Kind stand eine Süßigkeit, und es wurde vor die Wahl gestellt, diese entweder gleich zu essen oder eine Viertelstunde allein zu warten und dann stattdessen zwei zu bekommen.

Einige der Kinder wurden gefilmt. Auf dem Tisch stand eine Klingel, mit der sie den Experimentleiter wieder hereinrufen konnten, und auf einem kleinen Teller lag die Belohnung, ein Marshmallow oder eine kleine Brezel.

Ich habe mir die Aufnahmen angeschaut. Die Kinder sind zappelig, wie Kinder immer sind, wenn sie auf einem Stuhl sitzen bleiben sollen; sie starren wie hypnotisiert auf das Marshmallow, schneiden Grimassen, sie lecken heimlich daran oder beißen ein Ministückchen ab. Es ist faszinierend, sie zu beobachten, aber gleichzeitig tut es weh: Am liebsten wäre ich durch den Bildschirm und durch die Zeit hindurch zu ihnen geeilt, ich wollte bei ihnen sein – bei diesen Kindern, die heute älter sind als ich. Ich stelle mir vor, dass manche von ihnen das Marshmallow gegessen haben, einfach um das Experiment und die erzwungene Isolation abzukürzen. Aber vielleicht macht es gar keinen Unterschied, ob ein Kind dem Marshmallow widersteht oder dem Wunsch, die Langeweile und die Einsamkeit zu beenden – für beides braucht man Selbstdisziplin, und beides steht in Beziehung zum Alter des Kindes. Das Alter hat sich bei der Fähigkeit zur Selbstbeherrschung tatsächlich als wichtiger Faktor herausgestellt.

Aber es ist doch seltsam – wenn die Kinder Erwachsene wären, erschiene es einem da nicht am klügsten, wenn sie die Belohnung einfach essen und das Experiment beenden würden? Zeit ist wertvoll, Langeweile unangenehm, und soziale Interaktion ist gesünder als Isolation. Ein Aufschub käme einem neurotisch vor; ein übertriebenes Zeitopfer für eine minimale Belohnung könnte als Unterwerfung und als übertriebener Gehorsam gedeutet werde und somit als Mangel an Handlungskompetenz. Aber bei kleinen Kindern wird das gleiche Verhalten als die positive Fähigkeit, Belohnung aufzuschieben, interpretiert. Wir postulieren, dass dieses Marshmallow ein Symbol ist für alles, worauf es sich zu warten lohnt; für all die Belohnungen, die durch

Geduld und Disziplin erzielt werden. Aber letztlich ist ein Marshmallow nur ein Marshmallow, oder? Auch die Kinder müssen das gewusst haben.

Doch als die Stanford-Kinder heranwuchsen, folgte man ihnen, und offenbar konnten in der Adoleszenz deutliche Korrelationen zu den ursprünglichen Resultaten festgestellt werden. Beim SAT – Scholastic Aptitude Test –, dem Zulassungstest für die Universität, schnitten die Aufschieber besser ab, und auch die Bewertung der sozialen Kompetenz durch Eltern und Lehrer fiel bei ihnen positiver aus. Und als die Marshmallow-Kinder mit 32 erneut getestet wurden, waren die Aufschieber weniger dick, und sie nahmen auch, allem Anschein nach, weniger Kokain.

Die These, dass es einen Zusammenhang zwischen mangelnder Impulskontrolle und Drogensucht gibt, ist längst ein Allgemeinplatz geworden. Wenn man die ursprüngliche Forschung liest, ist es schwer zu sagen, was die Untersuchungen eigentlich beweisen – man müsste wissen, inwieweit die Aufschubzeit mit dem Alter in Relation gesetzt wurde, wie stark die späteren SAT voneinander abwichen und wie viele der »impulsiven« Kinder übergewichtig waren oder Kokain nahmen oder beides. Die Veröffentlichungen sind sehr kompakt und setzen voraus, dass man differenziert mit Statistiken umgehen kann. Die Auswirkungen scheinen gering, sind aber trotzdem signifikant – aber immer, wenn wissenschaftliche Studien in populärwissenschaftliches Gedankengut umgemünzt werden, liegt eins der Probleme darin, dass der Begriff »signifikant« in der Welt der Statistik eine ganz andere Bedeutung hat als in der Alltagssprache. Bei einer Statistik besagt er nur, dass hier eine Abweichung in den Daten (gleichgültig in welcher Höhe) vorliegt und dass diese Abweichung kein reiner Zufall ist. Mischel selbst warnte davor, die Daten überzuinterpretieren, welche die Aufschubfähigkeit der Vorschulkinder in Verbindung bringen mit den Beobachtungen bei Halbwüchsigen und Erwachsenen.

Noch wichtiger ist, dass Mischel wenig später zu dem Schluss kam, Willenskraft und Impulskontrolle seien nicht ausschließlich angeboren. »Die Fähigkeit, aus freien Stücken die unmittelbare Belohnung hinauszuzögern und den selbstauferlegten Belohnungsaufschub zu ertragen, steht bei den meisten philosophischen Konzepten von ›Willenskraft‹ im Zentrum und ebenso bei dem entsprechenden psychologischen Konzept von ›Ich-Stärke‹«, schrieb er 1973. Aber die Fähigkeit, Belohnung aufzuschieben, könne gelernt werden. Er sagt:

> Nach zahlreichen falschen Ansätzen wurde uns endlich klar, dass die kleinen Testpersonen sich in Wirklichkeit kaum von uns übrigen unterschieden und dass sie daher fähig waren, Anweisungen zu folgen – sogar den Anweisungen, an Marshmallows oder Brezelchen oder an Dinge, die ihnen Spaß machten, zu denken, um sich abzulenken. Wir fanden bald heraus, dass unsere Testpersonen schon mit drei oder vier Jahren mühelos anschauliche Beispiele und Beschrei-

bungen von unzähligen Dingen geben konnten, die ihnen Spaß machten, zum Beispiel, Marienkäfer beobachten oder schaukeln, wenn Mommy sie anstößt, oder bei einer Geburtstagsfeier herumhopsen. Und wir haben sie dann aufgefordert, an diese schönen Dinge zu denken, während sie da sitzen und auf ihre Marshmallows warten.

Diesen Gedanken entwickelte er in späteren Veröffentlichungen noch weiter. Neue Theorien, so schrieben er und sein Coautor 2002, egal, ob psychoanalytisch, behavioristisch oder genetisch ausgerichtet, ignorieren die menschliche Fähigkeit zu positiver Veränderung. *Akrasia*, der griechische Begriff für Willensschwäche, kann durch Übung überwunden werden. Wenn man die Marshmallow-Kinder aufforderte, sie sollten sich die Brezelchen als »kleine Baumstämme« vorstellen oder die Marshmallows als »bauschige Wolken«, dann konnte die Zeitspanne des Aufschubs um bis zu dreizehn Minuten verlängert werden. Wenn die Kinder Spielzeug hatten, mit dem sie sich beschäftigen durften, konnte die Zeitspanne ebenfalls verlängert werden. Wenn die Kinder aufgefordert wurden, an Dinge zu denken, die ihnen Spaß machten (»Wenn du willst, kannst du dir vorstellen, deine Mommy stößt dich auf der Schaukel an, während du wartest!«), verlängerte sich die Aufschubzeit um genauso viel, wie wenn man ihnen Spielzeug gab.

*

Ich denke an meine Mutter, wie sie mit meinem Bruder auf der Doppelschaukel saß und immer wieder gesungen hat: *I love you and you love me.*

Hat ihm die Erinnerung daran geholfen? Hätte er langsam und geduldig lernen können, wie die Testpersonen bei Mischels Experiment, die Belohnung aufzuschieben und sein Verlangen zu zügeln?

Wir sind in der Ära der ursprünglichen Marshmallow-Experimente aufgewachsen, in den sechziger Jahren, mit ihrer feinen Grenze zwischen Vernachlässigung und Freiheit. Wir haben nicht gelernt, unsere Gefühle zu verstehen und zu mäßigen. Auch nicht, sie mitzuteilen. Wurden wir vernachlässigt, oder waren wir frei? Schwer zu sagen. Vielleicht waren die Löcher in unseren Socken und die wirren Haare eine Form der Befreiung, genau wie die Entscheidungsmöglichkeit, abends ein Bad einlaufen zu lassen oder auch nicht, unsere Hausaufgaben zu machen oder nicht. Vielleicht war das der Preis, den wir für unsere Freiheit bezahlten.

Freiheit war der Zeitgeist. Im Frühjahr 1969 besetzten die Studenten ein Universitätsgebäude gegenüber von unserem Montessori-Kindergarten, wo wir Schnürsenkel in Rahmen knüpften (für mich irgendwie schwierig, aber anscheinend leicht für andere) und wo wir uns in der Pause aufstellten, um dann zu den Schaukeln zu rennen und so hoch wie möglich zu schaukeln. Von den Schaukeln aus konnten wir die Studenten auf dem Dach sehen, wir hörten ihre Parolen durch knisternde Megaphone.

Ansonsten war es eine friedliche Stadt. Wir wanderten durch stille Straßen zum Kindergarten. Wir gingen in einer Reihe zum Bäcker, um ein Brötchen für die erste Frühstückspause zu kaufen, vielleicht auch für die Pause am Nachmittag oder fürs Mittagessen. Wenn man weiterging, kam man zum Domus, dem Konsumladen, und zum Marktplatz. Und wenn man zurückging zu unserem Haus, kam man an einer Zoohandlung vorbei und am *Folkets Hus* auf der anderen Seite, dem Kulturzentrum der Gewerkschaft.

Lange fühlte es sich an, als wäre das fünfzehn oder zwanzig Jahre her. Jetzt kommt es mir vor wie ein Jahrhundert.

Wir dachten, wir sind so modern. Aber genau das hatten unsere Eltern auch schon gedacht und deren Eltern ebenfalls.

Die Studenten verbrannten ihre Schulmützen, diese traditionellen Symbole für den Abschluss des Gymnasiums. *Palme und Geijer, Nixons Lakaien*, riefen sie damals oder vielleicht auch später – auf Schwedisch reimt sich dieser Slogan, er lässt sich nicht gut übertragen, aber man kann sich ungefähr denken, was gemeint war. Olof Palme, der sozialdemokratische Premierminister, und Arne Geijer, der Gewerkschaftsvorsitzende, Nixons Lakaien. In Lund verweigerten junge Männer den Militärdienst und wurden dafür strafrechtlich verfolgt, Studenten demonstrierten in der Kathedrale gegen einen Staatsbesuch aus Südafrika.

Es waren radikale Zeiten, und Olof Palme setzte sich für viele der Forderungen ein, vor allem unterstützte er die Demonstrationen gegen den Vietnamkrieg (was dazu führte, dass im Mai 1968 der amerikanische Botschafter abberufen wurde) sowie die Aktivitäten gegen Apartheid.

Meine Mutter war Sozialdemokratin, als sie meinen Vater kennenlernte. Sie fuhr zu politischen Konferenzen nach Jugoslawien und anderswohin, glaubte an Fortschritt und Gleichheit. Sie unterrichtete an der Universität, arbeitete an ihrer Doktorarbeit und dachte nicht ans Heiraten. Doch eines Tages wurde sie meinem Vater vorgestellt, und drei Monate später haben die beiden geheiratet.

Ihr Radikalismus verwandelte sich in Liberalismus, vielleicht unter dem Einfluss meines charismatischen Großvaters, der ein überzeugter Liberaler war und glaubte, dass der wahre Fortschritt in der industriellen Entwicklung lag. Aber so ganz ließ meine Mutter sich nicht domestizieren. An Wochenenden machte sie für uns Frühstück und am Sonntagabend Pfannkuchen. Abgesehen davon hat sie nie gekocht, und die Tatsache, dass ihre eigene Mutter nicht studieren konnte, war verbunden mit einem unausgesprochenen Gefühl der Niederlage. Sie hielt an ihrem Studentenzimmer fest, noch lange, nachdem sie eigentlich keinen Anspruch mehr darauf hatte. Sie sagte meinem Vater, dass sie ihn heiraten werde, aber nie kochen. Ihn störte das nicht – er liebte sie, und er kochte für sein Leben gern. Es wurde ein Teil ihrer gemeinsamen Geschichte.

Alle hatten viel zu tun. Mein Vater baute das Unternehmen aus, meine Mutter unterstützte ihn dabei – »Gutes Geld durch gute Taten«, lautete die Parole. Saubere Milch für Schulkinder in Kenia und Indien. Saubere Milch für alle.

Der Großvater meiner Mutter stammte aus einer wohlhabenden Grundbesitzerfamilie in Jämtland, einem der nördlichen Landkreise, die an Norwegen angrenzen. Er war Alkoholiker. Er soff und spielte, bis die Familie ihn schließlich auf ein Gut auf der Insel Gotland schickte, wo er jung starb. Nicht allzu viel Geld blieb übrig. Er hatte zwei Söhne, einer von ihnen außerehelich geboren. Als meine Urgroßmutter von der Existenz dieses Jungen erfuhr, adoptierte sie ihn und zog ihn auf, als ihr eigenes Kind. Dieser Junge wurde ebenfalls Alkoholiker (wohingegen dessen Sohn dann zu einem bedeutenden Mann heranwuchs, aber das ist eine andere Geschichte). »Ich muss an meinen Großvater denken«, sagte meine Mutter oft im Zusammenhang mit meinem Bruder. Der genetische Faden, der sich durch unsere Familie wob, durch die Generationen.

Mutterliebe. Ich glaube nicht, dass es an Liebe mangelte. Vielleicht hat meine Mutter die Grundelemente der Mutterschaft nie so ganz verstanden oder sie nicht akzeptiert. Aber wer von uns hat schon eine klare existentielle Vorstellung von diesem mysteriösen Konzept – was es ist und was es bedeutet?

Die Frauen werden für alles verantwortlich gemacht.

Man denke nur an das – inzwischen widerlegte – Bild der »Kühlschrankmutter«: die These, dass Autismus durch emotional distanzierte Eltern verursacht wird, vor allem aber durch die gefühlskalte Mutter? Der Psychologe Leo Kanner kam in den 1940ern mit dieser Idee daher (von der er sich später losgesagt hat). Und Bruno Bettelheim sorgte für ihre allgemeine Verbreitung.

Jede Frau muss sich selbst erfinden, wie Simone de Beauvoir gesagt hat.

*

Die neurologische Forschung geht weiter. RISIKO-RATTEN WERFEN LICHT AUF SPIELER, berichtete *The International New York Times* im März 2016. Karl Deisseroth, Neurowissenschaftler und Psychiater, hatte herausgefunden, dass gewisse Neuronen im Gehirn von Ratten das Verhalten der Tiere bestimmen. Genau wie die Marshmallow-Kinder bildeten die Ratten zwei Gruppen. Den Tieren wurde angeboten, zwischen einer gleichmäßig rieselnden (geringen) Zuckermenge oder einer abwechselnd kleinen und großen Zuckermenge zu wählen. Die eine Gruppe entschied sich für »Sparsamkeit«, die andere ging aufs Ganze. Die Tiere wurden entsprechend als »risikoscheue« beziehungsweise »risikofreudige« Exemplare beschrieben. Professor Deisseroth zeigte Folgendes: Wenn ein Teil des Gehirns der Risiko-Ratten mit Licht stimuliert wurde, konnten sie sich in risikoscheue Ratten verwandeln. Es gelang ihm außerdem, durch ein Parkinson-Medikament diese Risikoscheu wieder zu reduzieren und so den Prozess rückgängig zu machen.

»Wir wissen von anderen Arbeiten, dass all dies relevant ist für menschliches Suchtverhalten sowie für Spielsucht«, erklärte Dr. Trevor Robbins, Leiter des Department of Psychology in Cambridge. Ich habe allerdings gewisse Zweifel, ob es angemessen ist, das Zuckerverlangen von Ratten in Begriffe wie »Risikobereitschaft« zu kleiden, wenn dieses Verlangen doch eher in Bereiche wie Stabilität oder Intelligenz oder Stoffwechsel zu gehören scheint. Sobald man den Begriff Risiko verwendet, begibt man sich auf das Gebiet der Sucht: *Risiko* ist kein neutraler Ausdruck, so wenig wie *Impulskontrolle* oder *Belohnungsaufschub*.

Und warum sollten wir das Verhalten der Risiko-Ratten problematisieren, nicht hingegen das der »sparsamen« Ratten? Ich wüsste gern, welcher Zustand der abweichende ist: sparsam oder risikofreudig? In dieser Frage entdecke ich allerdings auch mein eigenes Geschwistersyndrom. Bin ich die Ratte, die das Risiko meidet und den Hebel für bescheidene Resultate bedient, die Ratte, die sich in den Holzspänen verkriecht und sich fragt, warum die gesamte Aufmerksamkeit der Risiko-Ratte gilt? Bin ich die selbstgerechte Schwester, die zögert, sich der Feier des Bruders anzuschließen, *der verloren war und gefunden worden ist*?

Wir kennen diesen Menschentyp: Er ist risikofreudig, der verlorene Sohn. Aber unsere Risikoeinschätzung und unsere Risikoneigung sind auch historisch und kulturell geprägt. In London lieben wir das Risiko zu Kriegszeiten und beim Bullenmarkt, also bei steigender Kurstendenz. Beim Bärenmarkt, bei fallenden Kursen und vor allem nach einem Crash, neigen wir eher zu Vorsicht.

Verschiedene Drogen haben verschiedene Wirkungen, und die Süchtigen haben spezielle Vorlieben. Ich verbinde Kokain mit manischen Eigenschaften – das heißt, Kokainsucht ließe das Konzept der Risikobereitschaft logisch erscheinen. Aber Opioidabhängigkeit hat möglicherweise überhaupt nichts mit Risiko zu tun. Was, wenn bei diesen Süchtigen die existentielle Verfassung in der Tat so aussieht, dass sie sich den Risiken des Lebens gar nicht stellen können, ohne die süße Stütze der Drogen?

Aber schon während ich dies schreibe, merke ich, dass ich spekuliere.

Ich habe mir gemeinsam mit meiner Schwester und ihrem ersten Mann zum Scherz eine Zeitschrift ausgedacht, die *Der intuitive Naturwissenschaftler* heißen sollte, herausgegeben von spekulierenden Nichtnaturwissenschaftlern wie uns.

Das fanden wir witzig. Es ist lang her. Damals haben wir noch aus irgendwelchen Gedankenspielen alle möglichen Konzepte entworfen.

Professor Heilig gab einen TED-Talk zum Thema Mitgefühl mit Süchtigen, und er bloggt auch darüber. Der inselförmige Cortex, das heißt, der Teil des Gehirns, dem die Emotionen zugeordnet werden, zeigt bei süchtigen Menschen, die quälenden Bildern ausgesetzt werden, mehr Aktivität als bei Menschen ohne Sucht, sagt er. Davon leitet er ab, dass Süchtige Schmerzen, sowohl ihre eigenen als auch die der anderen, stärker empfinden als nichtsüchtige Menschen und dass sie sich wahrscheinlich selbst medikamentieren, um genau diese Schmerzen zu dämpfen. Selbst wenn man keine neuen Medikamente finden sollte, sagt Heilig, so hoffe er doch, wertende, exklusive Sichtweisen und Maßnahmen ändern zu können.

Sein humanistischer Ansatz berührt mich, aber was bedeutet er in der Praxis? Substitutionsprogramme, vermute ich – meistens Methadon oder andere künstliche Ersatzdrogen. Es gibt zahlreiche Studien und Metastudien, die zeigen, dass die regelmäßige Gabe von Methadon die Stimmung stabilisiert und die Gefahr von HIV-Infektionen und kriminellem Verhalten verringert. Das ist gut und mit Sicherheit besser als der gefährliche Zirkel von kurzen Gefängnisaufenthalten oder Therapien, auf die Rückfälle folgen sowie potentielle Überdosen, verursacht durch die körperliche Entwöhnung.

Professor Heilig will, dass wir alle einen Süchtigen in die Arme schließen. Auch ich glaube an die Macht der Liebe, aber abgedroschene Liebesbeteuerungen können für Abhängige bedeutungslos sein, genau wie für ihre Angehörigen. Liebeserklärungen fühlen sich sehr künstlich an, vor allem, wenn dahinter die Wut lauert. Kleine

Unaufrichtigkeiten führen, wenn sie wahrgenommen werden, eventuell zu Angstzuständen, zu Entfremdung oder zu toleranter Geringschätzung – und wir sind alle Meister der Wahrnehmung, halten aber an dem falschen Glauben fest, dass unsere eigenen Schmeicheleien oder unser Lob weniger durchschaubar sind. Besorgte Angehörige glauben manchmal, sie würden sich durch ihre Liebesbezeugungen von jeder Form der Bewertung lossagen, was dann heimliche Komplizenschaft und Zustimmung ergibt. Ist es nicht besser für Süchtige, gehört und verstanden zu werden, statt »geliebt«?

Winston, der Held von George Orwells Roman *1984*, erleidet eine grauenvolle Tortur nach der anderen, weil O'Brien, der Peiniger, Gedanken lesen kann und Winstons Reaktionen auf die Gehirnwäsche genau vorhersagt. Beiden ist klar, dass der Zweck der Folter nicht darin besteht, Informationen zu bekommen – es gibt keine Informationen, die man bekommen könnte –, sondern darin, Winstons Willen zu brechen. Aber wie Harry Harlows Rhesusäffchen, die sich verzweifelt an ihre strafenden Stoffmütter schmiegen, so klammert sich Winston, der unter Drogen gesetzt wird, an sein inneres Bild von O'Briens klugem, hässlichem Gesicht. Trotz allem ist dieser Mann jemand, mit dem man reden kann. Er versucht, diese plötzliche Zuneigung zu verstehen. »Vielleicht«, so denkt er, »vielleicht wollte man weniger geliebt als vielmehr verstanden werden.«

Was für eine gruselige Ambiguität Orwell in diese scheinbar so unschuldige Formulierung legt. Die Tatsache, dass sie stimmt – man will wahrscheinlich wirklich lieber verstanden werden und einen Seelenverwandten treffen als geliebt werden –, ändert nichts daran, dass Winstons gesamtes Denken, auch dieser kurze Exkurs über die Liebe, ein vorhersagbares Ergebnis der Folter ist.

Es gibt keine einfachen Antworten. Die Grenze zwischen Medizin und Gift ist ebenso schmal wie die zwischen Therapie und Verhör. Jedes brauchbare Modell – strenge Liebe, uneingeschränkte Liebe – hat seine Schattenseiten, und jedes positive Prinzip kann verzerrt werden und dadurch unterdrückerisch.

Aber vielleicht ist Mangel an Vertrauen eine Definition von Hölle: Durch mangelndes Vertrauen wird die Welt eine kalte, auch wenn man nicht süchtig ist. Könnte es sein, dass es bei Vertrauen und Liebe (bekannte Heilmittel gegen Sucht) genau darum geht – um den Sprung ins Unbekannte? Um den Entschluss zu vertrauen?

Sucht kennt viele Erscheinungsformen und Abstufungen. Im schlimmsten Fall steckt man in einem Teufelskreis: mehr Drogen, vor allem Opioide, schaffen ein Verlangen, das nur durch noch mehr Drogen gestillt werden kann. Die Menschen verschließen sich, ihr Inneres zerbricht. Bei wirklich schwerer Erkrankung sitzt der Süchtige, der keinem vertrauen kann, in der Falle.

Anders als die meisten Drogen machen Opioide körperlich abhängig. Aber selbst der Hunger nach Heroin ist teilweise emotional. Welche andere Kraft kann ein derart starkes Verlangen hervorrufen? Was für die Physik die Schwerkraft ist, das sind für die Neurologie die Emotionen – eine schwer greifbare, mysteriöse Kraft, aber ohne sie ergeben die ganzen Theorien keinen Sinn. Da Schuldzuweisungen und Misstrauen derart eng mit der Sucht verbunden sind, ist es gefährlich, die Gründe dieser Krankheit identifizieren zu wollen. Es ist gefährlich, Narrative des Unglücks zu schaffen, die möglicherweise den emotionalen Teil der Sucht erklären, ihn unter Umständen aber auch verstärken. Deshalb meiden die Zwölf-Schritte-Programme jede Art von Kausalkette.

Sucht ist eine emotionale Krankheit. Methadon mag den Schaden verringern, indem es das Verlangen dämpft, den gierigen Hunger nach einer Substanz, durch die man von einem emotionalen Zustand in einen anderen transportiert wird – aber Methadon bedeutet nicht Heilung, sondern ist eine Strategie zur schnellen Schadensbegrenzung, sowohl für die Süchtigen als auch für ihre Familien und die gesamte Gesellschaft. Methadon ist die Waffe der Realpolitik, nicht des Idealismus.

Man kann bei den Ursachen der Sucht und der Wirksamkeit von Therapiemodellen in alle Richtungen debattieren. Ich glaube, dass Sucht als Zustand ein sehr breites Spektrum abdeckt – und dass wir alle irgendwo in diesem Spektrum auftauchen. Das neurologische Modell, das auf der binären Unterscheidung zwischen neurotypischen und suchtgefährdeten Gehirnstrukturen beruht, also entweder das eine oder das andere, erkennt dies meiner Meinung nach nicht. Das genetische Modell ist weniger binär, weil nach heutiger Sichtweise unzählige Gene beteiligt sind, auf die eine oder andere Art. Jedes dieser Gene spielt eine Rolle. Und ich halte es für möglich, dass manche Mutationen eher vor Sucht schützen als andersherum.

Außerdem ist da noch der Zeitfaktor: Was wir sind und was wir werden, kann sich, im Wesenskern, ändern.

*

Etwa vor einem Jahr gingen Eric und ich in die Tate Britain, um die Frank-Auerbach-Ausstellung zu sehen. Anschließend schauten wir uns noch, eher ungeplant, eine Ausstellung zu »Kunst und Alkohol« an. Sie bestand aus einem einzigen Raum. Ich blieb vor einem riesigen Gemälde von Robert Braithwaite Martineau stehen, mit dem Titel *The Last Day in the Old Home* (1862). Eric war müde und musste sich hinsetzen; den Kopf in die Hände gestützt, schloss er die Augen. Eigentlich hätte ich zu ihm gehen sollen, aber ich konnte mich nicht von dem vibrierenden Bild losreißen: eine Szene in einem vornehmen Haus, das demnächst verkauft werden soll. Ein enthemmter Vater hält ein Glas Champagner ins Licht, sein Sohn, nicht älter als zehn Jahre, steht mit seinem eigenen Champagnerglas neben ihm. Die unglückliche Mutter streckt die Hand nach ihrem Sohn aus, eine hilflose, zaghafte Geste.

Der Gesichtsausdruck des Vaters erinnerte mich an

den niederträchtigen Ehemann Arthur Huntingdon in Anne Brontës Roman *Die Herrin von Wildfell Hall (The Tenant of Wildfell Hall)* (1848). Auch Huntingdon trinkt gern und will seinen kleinen Sohn zum Trinken verführen; er hat eine Affäre, ist grausam und nie da; er ist moralisch bankrott.

Das Gemälde schillert. Der luxuriöse, dunkle Raum und alles, was sich darin befindet, muss verkauft werden. Der Hausherr ist ein Spieler, steht in der Beschreibung, er kann Hardham Court nicht halten, »weil er ein verantwortungsloser Geldverschwender ist.« Der Text verweist auf verschiedene visuelle Details, nennt aber seltsamerweise den Champagner nur als Zeichen dafür, dass Vater und Sohn lieber »in den Tag hinein leben«. Wie dezent wir sind, wenn es um Alkohol geht, wir wollen nur ja nicht moralistisch sein – selbst wenn ein Vater seinem kleinen Sohn ein Glas Champagner gibt. Und das in einer Ausstellung, die dem Thema »Kunst und Alkohol« gewidmet ist.

Das epische Gemälde *Die Anbetung des Bacchus (The Worship of Bacchus)* von George Cruikshank, vollendet 1862, hängt ebenfalls da, eine riesige Leinwand, in deren Zentrum ein Mann zu sehen ist, der betrunken auf einem Steinsockel tanzt. Der Stein hat eine Inschrift: GEOPFERT AUF DEM ALTAR DES BACCHUS, VATER, MUTTER, SCHWESTER, BRUDER, EHEFRAU, KINDER, BESITZ, FREUNDE, KÖRPER UND SEELE. Im Hintergrund sind die zentralen Schreckenshäuser jener Zeit zu sehen: Irrenhaus, Armenhaus, Zuchthaus und noch mehr – im Vordergrund Szenen von Besäufnissen, Erniedrigungen und Gewalttaten.

Jede Generation erfindet ihr eigenes Narrativ und ihre Drogen. Man denke an die reiche Erbin Edie Sedgwick, Andy Warhols Begleiterin, die mit achtundzwanzig an einer Überdosis gestorben ist. Wie sie sich zugrunde gerichtet haben, die Sedgwick-Kinder. Edie war magersüchtig und immer wieder in der Psychiatrie. Einer ihrer Brüder beging Selbstmord, ein zweiter kam bei einem Motorradunfall ums Leben – ein Unfall, den Edie auch für eine Form von Freitod hielt.

Edie hat Warhol 1965 kennengelernt. Andy fühlte sich sofort zu ihr hingezogen und drehte einen Film, in dem sie der Star war: *Poor Little Rich Girl*. Später trennte sie sich von ihm und zog ins Chelsea Hotel, wo sie mit Bob Dylan und anderen herumhing, Drogen nahm und häufig in die Klinik musste. In den Zwischenphasen bekam sie von einem Promi-Arzt »Vitaminspritzen« mit Speed und Acid.

Schließlich heiratete Edie einen Mitpatienten, einen Mann namens Michael Post. Eine Zeitlang nahm sie nichts mehr, erlitt aber einen Rückfall. Sie starb an einer Barbiturat-Überdosis, im Bett, neben ihrem schlafenden Ehemann. »Ich hab ihr die ›Mittel‹ gegeben, und sie ist ganz schnell eingeschlafen«, sagt er in dem Buch von Jean Stein und George Plimpton, *Edie: An American Biography*.

Ihr Atem ging schwer – es klang, als hätte sie ein großes Loch in der Lunge … ein keuchendes, rasselndes Geräusch. Sie hasste Zigaretten. Sie hatte die fixe Idee, dass sie den Rauch in der Lunge spürte wie ein Bleigewicht. Sie wollte aufhören, als sie dreißig war. In der Nacht klang sie so übel, dass ich sie schon aufwecken wollte und ihr sagen, wenn sie morgen nicht aufhört, dann bekommt sie eine Tracht Prügel oder so was.

Am nächsten Morgen berührte er Edie an der Schulter. Und sie war schon kalt.

Andy Warhols anderer Superstar, die reiche, unglückliche Brigid Berlin, nahm auf Tonband auf, wie sie Warhol von Edies Tod erzählte. Der Schriftsteller und Filmkritiker Bruce Williamson hat sich die Aufnahme angehört. *Wann*, fragte Andy, und wie konnte sie so was *tun*? Und erbt *er* – Michael Post – jetzt das ganze Geld?

Brigid antwortete, es gebe kein Geld.

Tja – und was hast *du* so getan in letzter Zeit?, fragte Andy daraufhin.

Und Brigid erzählte von ihrem Zahnarzt.

Andy Warhol und sein Hofstaat machten natürlich aus dieser manierierten Gleichgültigkeit einen Fetisch.

Wenn man einen Schmerz nicht fühlt, ist er dann trotzdem da, sozusagen als Phantomschmerz? Wenn du anderen Menschen Schmerz zufügst und keine Reue empfindest, hast du dann Phantomschuldgefühle, ist da ein unbewusster Schatten, der deinen Geist verdunkelt?

Dieser Gedanke kommt mir, als ich mit meinem Psychoanalytiker telefoniere. Ich sitze in unserem Gästezimmer; die Tür habe ich abgeschlossen. Was für eine Erleichterung. Manchmal sitze ich in dem himmelblauen Sessel beim Fenster, manchmal stehe ich auf und lege mich aufs Bett, behutsam, er soll meine Bewegung nicht hören.

Er kennt meine Vorsicht und betont öfter, dass diese Stunde mir gehört. Ich kann damit machen, was ich will. Ich muss nicht in die Praxis kommen, mich nicht auf seine Couch legen, um auf die Flecken an der Decke zu starren und sie miteinander zu verbinden, bis in meinem Kopf komische Vierecke und sonstige Formen entstehen.

»Die Leute tun alles Mögliche in ihrer Stunde«, sagt er. »Manchmal erledigen sie Telefonanrufe, die sie allein nicht schaffen. Manchmal lesen sie Briefe laut vor.«

Ich sitze in meinem Sessel und rede, da höre ich in der Leitung, wie er leise ruft: »Alles okay, alles okay.« Mir fällt die Geschichte eines Freundes ein, der im Londoner Tavistock Institute mit seiner Frau und seinen kleinen Kindern eine Familientherapie machte und zu seinem großen Entsetzen feststellte, dass hinter einer Einwegscheibe fünfzehn Studenten saßen und die Interaktion der Familie verfolgten, »zu Übungszwecken«. Außerdem war die Sitzung auch noch heimlich auf Video aufgenommen worden, wie mein Freund erfuhr.

Mein Analytiker lacht. »Ich rede mit meiner Hündin«, erklärt er. »Sie träumt.«

»Alles ist in Ordnung, Darling, schlaf weiter«, höre ich ihn noch murmeln, unglaublich zärtlich. Und ich muss an Leo denken, an meinen alten Hund, der leider nicht mehr lebt – »er wurde eingeschläfert«, wie man so schön sagt. Morgens hat er immer auf meinem Schoß gedöst, in Sussex, nachdem die Kinder in die Schule gegangen waren. Ich machte mir dann noch eine Tasse Kaffee und legte mich auf das Sofa in der Küche, um zu lesen – während Leo es sich auf mir gemütlich machte. Als er zu alt war, um hochzuspringen, stellte er beide Vorderpfoten auf das Sofa, schaute mir tief in die Augen, und ich hob ihn hoch. Aber bald war er auch dafür zu matt und ging nur noch steifbeinig auf und ab. Ich ließ beim Lesen meine rechte Hand auf den Fußboden hängen, meine Tasse stellte ich auf den Sofarücken, an die Wand gelehnt. Leo wanderte zwischen meinem baumelnden Arm und dem Sofa hin und her, so dass meine Hand ihn automatisch streichelte.

Er ging in die eine Richtung, machte kehrt, ging in die andere Richtung, machte wieder kehrt, vor und zurück, vor und zurück. Manchmal stupste er mit dem Kopf meine Hand. *Buff!* Buffy Sainte-Marie nannten wir ihn deshalb und machten uns hinter seinem Rücken über ihn lustig. Buffy Buffy. Ich saß oft auf den Stufen, drückte ihn an mich und winkte den Kindern zum Abschied mit seiner Pfote.

7

Während der zwölf Jahre des Rückfalls habe ich mir immer wieder ausgemalt, wie ich meinen Bruder kidnappe, ihn an einen entlegenen Ort bringe und dort langsam entgifte, um ihn dann wieder dem Leben zuzuführen. Ich habe überlegt, wer mir dabei helfen könnte; ich dachte an Ärzte; ich dachte an Schloss und Riegel. Ich hatte ein schlechtes Gewissen wegen dieser Phantasiebilder – und außerdem hatte ich Schuldgefühle, weil ich mir vorstellte, nur meinen Bruder zu kidnappen, nicht aber meine Schwägerin Eva. Ich machte mir Vorwürfe, weil ich nicht genug tat und weil ich viel zu viel tat, weil ich an eine Entführung dachte und weil ich zu wenig an eine Entführung dachte.

Ich habe sowieso meine Zweifel, ob es funktioniert hätte. Süchtige müssen zur Entgiftung, aber sie müssen auch die Architektur ihrer Psyche umbauen und neu strukturieren. Doch wie sich zeigte, bin ich mit diesen Phantasien nicht allein. Anscheinend stellen Angehörige sich oft vor, sie würden ihre Süchtigen entführen. Sucht kann aussehen wie die Mitgliedschaft in einer Sekte oder wie eine Form von Besessenheit: Menschen, die man liebt, stecken irgendwie da drin, verhext wie Prince

Rilian von C. S. Lewis, der in eine unterirdische Höhle eingesperrt war, die er für die ganze Welt hielt. Wenn man den Drogendämon aushungert, kommt eventuell die frühere Person wieder zum Vorschein.

Möglicherweise sind aber auch die Familienmitglieder die Besessenen. Ihre Berichte über die Sucht sprechen oft von furchtbaren Qualen, während die Berichte der Süchtigen verblüffend lässig klingen. Die Angehörigen leben ständig in höchster Alarmbereitschaft, sie sehen nur noch die Sucht, sie wollen unbedingt helfen, retten, unterstützen. Es gibt ein Suchtmodell dafür: die Coabhängigkeit. Die Sucht nach Sucht. Das Aufgehen im Leben der anderen – auf Kosten des eigenen.

Nach Hans' Aufenthalt in Osea Island schalteten sich die Sozialarbeiter ein. Ich mochte sie, doch schon im Frühjahr 2007 war klar, dass sie nicht viel ausrichten konnten und dass es Hans und Eva immer schlechter ging. Entsprechend wurden die Sozialarbeiter immer besorgter, bis sie an einem schicksalhaften Tag im April 2007 Lisbet und mir mitteilten, sie würden die Kinder wegholen, wenn wir nicht selbst diese Maßnahme ergreifen. Und falls die Behörden sich einschalten müssten, sei zu erwarten, dass die vier Kinder auseinandergerissen würden.

Das Gerichtsverfahren.

Es fällt mir schwer, an diese entsetzlichen Tage zurückzudenken.

Der Gedanke an unsere Richterin tröstet mich. Judge Baron war eine Frau Anfang sechzig, eher ungeduldig, sehr intelligent und tendenziell einschüchternd. »Ja, ja, das ist mir schon klar«, sagte sie immer wieder ungehalten, »aber ich will herausfinden, ob …« Die Redewendung *Ja, ja, das ist mir schon klar* haben Eric und ich übernommen und verwenden sie oft, ein Code, eine Anspielung auf gemeinsam erlebte Geschichte.

Erinnerungsfragmente. Lisbet auf dem kalten Fußboden der Toilette im Familiengericht, schluchzend. Sie schluchzt so verzweifelt, dass sie keine Luft mehr bekommt; ich drücke sie an mich.

Das Spektakel der Beweisaufnahme. Die Anwälte versuchen, dich in eine Falle zu locken, indem sie den Diskurs ändern. Es ist so schwer, sich auf das eigentliche Problem zu konzentrieren und nicht durch die wechselnde Argumentation abgelenkt zu werden. Wir mussten beweisen, dass wir nichts gegen Hans und Eva hatten. Wir mussten beweisen, dass wir die Kinder nicht nur unseretwegen aufnehmen wollten.

Bei solchen Fällen steht jeder auf dem Prüfstand, und so soll es ja auch sein.

Es gab viele Anhörungen zwischen dem ersten Termin im Mai 2007 und dem letzten im Februar 2008, der zweieinhalbwöchigen Hauptverhandlung. Hans und Eva kamen jeden Morgen ein paar Stunden zu spät ins Gericht und gelegentlich sogar erst am Nachmittag. Hans ließ sich nach vorne sinken, die Augen nur halb geöffnet. Eva war zappelig, wurde immer unruhiger, schaute zur Uhr an der Wand, schlug die Beine übereinander, schlug sie wieder auseinander. Manchmal verschwand sie plötzlich. Nach einer Weile kam sie dann wieder zurück, schwankend, begab sich langsam an ihren Platz und schaute sich träumerisch um. Judge Baron beobachtete das alles, ermüdet und zugleich hellwach. Ich glaube, sie wusste genau, dass das Ganze kein gutes Ende nehmen würde. Aber wir wussten es nicht. Wir begriffen nicht, dass jede Sucht die gleiche traurige Geschichte erzählt.

Jeder im Raum hatte das alles schon einmal erlebt, nur wir nicht.

Diese Jahre der enttäuschten Hoffnungen. Im Herbst 2007 war uns klar, dass Hans und Eva nicht, wie gehofft, in eine Klinik gehen würden nach der ersten Verhandlung, als die Kinder vorübergehend zu uns kamen. Wir hatten gedacht, dass die Kinder den Sommer über bei uns bleiben und im Herbst zu ihren Eltern zurückgehen.

Ich schrieb, in einem meiner Briefe an Hans und Eva, dass ich Sean Penns Film *Into the Wild* gesehen hatte, die Reise eines jungen Mannes in die Wildnis von Alaska, nach Jon Krakauers Buch über Christopher McCandless. Am Ende gibt es für McCandless keinen Ausweg mehr: Das Flusswasser ist gestiegen. Er sitzt in der Falle, und er hat sich vergiftet, weil er zwei Pflanzen miteinander verwechselt hat. Er stirbt, völlig ausgezehrt, in dem alten

Bus, der ihm in der Wildnis als Unterkunft dient. Er hat seine Familie verlassen, eine durchschnittlich repressive Familie – oder vielleicht ein bisschen schlimmer als der Durchschnitt. Offenbar konnte er sie nicht mehr ertragen. Oder er wollte einfach nur frei sein und sich dem einsamen Freiheitskult anschließen, in der amerikanischen Wildnis.

Ich denke an die Reise meines Bruders in die Wildnis. Er war noch jünger als McCandless: die Transsibirische Eisenbahn, durch China, durch Indien, nach Goa, zum Heroin. Heroin war das Ziel, die Endstation. Aber das Heroin war auch Zufall. Ein Unfall. Er und seine Freunde hätten die Mädchen am Strand von Goa genauso gut nicht kennenlernen können.

Was wäre dann passiert?

Ich weiß es nicht.

Manche Familien sind überbeschützend. Andere, wie zum Beispiel unsere, sind insgeheim stolz auf die Wildnis.

Der Rausch der Horrorfilme spät in der Nacht – schnell durch die Dunkelheit rennen – der Wind, der salzige Wind.

Ich habe Hans und Eva geschrieben, dass ich glaube, sie sind ebenfalls in die Wildnis gegangen. McCandless hat seine Familie verlassen, um in die Natur zu gehen, zu Tolstoi, zu Thoreau. Hans und Eva sind zu den Drogen gegangen.

»Ich kann euch nicht folgen«, schrieb ich.

Niemand konnte ihnen folgen. Vielleicht war das der entscheidende Punkt.

*

Ab Mai 2007 lebten die Kinder bei uns.

Sie waren alle noch so klein. Der Jüngste war sechs. Bei einem Spaziergang saß er auf meinen Schultern und hielt sich an meinem Kopf fest. Plötzlich kniff er mich in die Schulter, ziemlich stark. »Au!«, protestierte ich. »Das tut weh!«

»Ich möchte dir ja auch ein bisschen weh tun«, sagte er. Ich drückte seine Füße. Sein Leben zu Hause war vorbei.

Was wir damals allerdings noch nicht wussten.

Und plötzlich waren sie Teenager, alle miteinander, und schrieben SMS, sie schrieben eine Geheimsprache.

Ich vereinbarte ein Treffen mit Daniel an der Kirche in der Nähe seiner Schule:

Btw fahren wir gmnsam zurück?

Ja. Ich treffe Teo am Bahnhof, und wir fahren alle gemeinsam zurück.

K cu

So ist das eben.

Die Zeit dehnt sich. Die Zeit verdichtet sich.

Wenn ich meine Mails durchgehe – archiviert nach Jahren, jede Datei vollgepackt mit Korrespondenz über Hans und Eva –, erscheint es mir ungeheuerlich, dass eine einzige Minute übrig blieb für etwas anderes als ihre Sucht, und doch hatten wir damals so viel Zeit. Wir wohnten auf dem Land. Es gab die Arbeitszeit und die normale Zeit, Abendessen und Frühstück, Elterntaxi zur Schule, Hausaufgaben, *The Simpsons* und Popcorn, heiße Schokolade und Feuer im Freien, Hasen und Hunde.

Alles, was vorher, mit *einem* Kind, ein bisschen improvisiert werden konnte, mussten wir jetzt systematisch planen. Fünf Kinder sind fast schon eine kleine Schulklasse, eine Herde, eine Schar, sie schlagen berechenbare und unberechenbare Richtungen ein, ständig in Bewegung, wie eine Starenformation am Himmel.

Ich hatte dauernd Angst vor Unfällen und entwarf deshalb für unsere Zufahrt ein Schild. Auf ein altes Stück Holz schrieb ich, damit die Autos das Tempo drosselten: SLOW CHILDREN, verziert mit einer Girlande aus Blättern und Blumen, dazu noch eine Sonne. Wir nagelten das Schild an einen Stock, den wir in den schweren Lehm steckten. *»Slow children«* fanden die Kinder sehr lustig, weil es ja auch bedeuten könnte, dass *sie* langsam sind – dabei waren sie genau das Gegenteil. Das

Schild verblasste im Lauf der Jahre, und inzwischen ist es längst verschwunden.

Wir gingen zu Schulaufführungen, bei denen die Kinder auf die staubige Bühne stapften und mit der exaltierten Betonung, die ihnen der Theaterlehrer beigebracht hatte, ihre Texte vortrugen. Dazu ein fröhlicher Chor mit jüngeren Schülern vor der Bühne, seitlich daneben ein altes Klavier. Das letzte Theaterstück gab es 2014, ebenso das letzte Schulkonzert und das letzte Sportfest mit dem letzten Picknick. Wir suchten jedes Mal lachend nach der richtigen Veranstaltung und mussten immer aufpassen, dass wir die Hunde und die Kinder nicht aus den Augen verloren.

Die Kindheit dieser Kinder. Ich erwartete irgendwie, sie würde ewig dauern, doch dann blinzelte ich kurz, und schon war sie vorbei.

Und trotz der vielen glücklichen Momente war die Zeit auch geprägt von Angst und Schuldgefühlen. Und von einer enormen Traurigkeit – wegen der Kinder. Sie mussten, ohne es zu verstehen, miterleben, wie sich ihre Eltern immer mehr auflösten und sich aus allem zurückzogen. Sie verloren ihr Zuhause.

Hans und Eva liebten ihre Kinder, davon bin ich überzeugt. Aber ist das nicht auch so ein typisches Elternklischee? Und was nützt die ganze Liebe, wenn die Drogen an erster Stelle stehen?

Viele Leute haben uns dafür gelobt, dass wir für die Kinder sorgen – aber Kinder von ihren Eltern wegzuholen ist immer eine Form der Machtausübung. Nicht so sehr gegen die Eltern, würde ich denken, obwohl das natürlich auch zutrifft. Aber zuerst und vor allem übt man Macht über die Kinder aus.

Wenn Hans und Eva gesund gewesen wären, hätten sie sich in dieser Geschichte nie als die Opfer bezeichnet. Wenn sie gesund gewesen wären, hätten sie sich am Tag der Gerichtsverhandlung auf den Weg zu uns gemacht und Kleider und Spielzeug gebracht. Wenn sie gesund gewesen wären, hätten sie sich notfalls auch ein Zimmer in einem Hotel in der Nähe genommen; sie wären in die Schule gegangen, um mit der Rektorin und den Lehrern zu sprechen; sie hätten sich eingemischt und alles getan, um ihre Kinder zu beschützen und um ihnen beizustehen.

Sie taten nichts dergleichen. Und trotzdem nagten die Schuldgefühle an mir, wie eine untergründige Übelkeit, und diese Schuldgefühle verbanden sich mit meinem alten liberalen Misstrauen gegenüber jeder Form von Macht.

Ich habe in den Jahren während und nach dem Gerichtsverfahren oft an das Schicksal der Cleveland- und Orkney-Kinder gedacht. Diese Kinder waren von Sozialarbeitern von zu Hause weggeholt worden, überfallartig, manchmal vor Anbruch der Dämmerung. Bei den Kindern auf den schottischen Orkney Islands glaubte man, sie seien bei satanischen Ritualen sexuell missbraucht worden. Beweise gab es keine, nur die konfusen Antworten der Kinder auf die entsprechenden Suggestivfragen – sie wurden immer wieder regelrecht ins Kreuzverhör genommen, was ja selbst Erwachsene nur mit Mühe überstehen.

Die Kinder in Cleveland (Nordengland) wurden ebenfalls verhört und mussten einen diagnostischen Test über sich ergehen lassen, der früher zur Identifizierung von männlichen Homosexuellen angewandt wurde, den sogenannten Analdehnungsreflextest. Die Behörden maßten sich an, den Akt des Analverkehrs bei den Kindern nachzuahmen, um festzustellen, ob diese sodomisiert wurden oder nicht. Sollte den Kindern geholfen werden, oder wollte man Beweismaterial gegen die Eltern sammeln? Wer genehmigt diese Maßnahme?

Nach langen Auseinandersetzungen wurde ein Bericht über den Cleveland-Fall in Auftrag gegeben, der 1988 veröffentlicht wurde. Dieser Bericht kam zu dem Ergebnis, dass das Vorgehen inkorrekt war. Vierundneunzig von hunderteinundzwanzig Kindern wurden wieder nach Hause gebracht, und der Analdehnungstest wurde als diagnostische Methode zur Erkennung von sexuellem Missbrauch abgeschafft. Der Fall Orkney endete 1992, nachdem in einem offiziellen Untersuchungsbericht die Sozialarbeiter, die Polizei und der Orkney Islands Council scharf kritisiert worden waren.

Kein Wunder, dass ich an die Orkney- und die Cleveland-Kinder und ihre Eltern denken musste während unserer Gerichtstermine und auch danach. Ich bereute nicht, was wir getan hatten. Aber der ganze Prozess war für uns alle eine absolut niederschmetternde Erfahrung. Mich tröstet Adam Phillips' Essay »Against Self-Criticism«, in dem er schreibt: »Schuldgefühle sind nicht unbedingt ein Hinweis auf die Werte, an die wir uns halten, sondern nur ein Hinweis darauf, wovor (oder vor wem) wir uns fürchten. Etwas nicht zu tun, weil man, wenn man es tut, hinterher ein schlechtes Gewissen hätte, ist nicht unbedingt ein guter Grund, es nicht zu tun. Moralität, die aus Einschüchterung erwächst, ist unmoralisch.«

Im Rückblick wünsche ich mir, ich wäre in meinem eigenen Denken robuster gewesen. Die Auseinandersetzungen vor Gericht waren so haarsträubend, dass Eric nie verstand, warum ich sie überhaupt ernst nahm: Hans und Eva waren drogensüchtig, wir kümmerten uns um ihre Kinder, und uns wurde vorgeworfen, wir hätten sie entführt, weil wir mehr Kinder haben wollten? Das ergab doch keinen Sinn.

Einen Fall vor Gericht zu bringen erfordert Mut und Entschlossenheit. Eric war als junger Journalist auf die schwarze Liste gesetzt und unter Hausarrest gestellt worden, weil er während der Apartheid in Südafrika über Menschenrechtsverletzungen und über Black Politics berichtete; er war nach Botswana geflohen und hatte dann fünfzehn Jahre in England im Exil gelebt – Eric war mutig, Eric war entschlossen. Ich hingegen hatte ein wesentlich problematischeres und angespannteres Verhältnis zu meiner eigenen Macht. Ich erlebte auch deutlicher die Schmerzen und das Leid der Kinder mit.

Das wird uns immer begleiten.

*

Wir leben jetzt vorrangig in London. Ich vermisse das Landleben: die Rehe, die Pferde, die Kühe, die Duftmarken eines Fuchses, die durch die Luft wehen, die Salzlecke in den matschigen Wiesen. Ich vermisse die Schleiereule, die in der Abenddämmerung über den Wiesen auf Jagd geht, die graue Bergstelze, die jedes Frühjahr beim Fluss hin und her wippt, die Möwen, die mit den kräftigen Küstenwinden herbeigesegelt kommen; die Bussarde und die Turmfalken. Ich habe morgens immer die Pferde gefüttert und unsere Tauben, die auf den toten Ästen der alten Eiche saßen, aufgereiht wie seltsame weiße Früchte. Wenn sie mich kommen sahen, flogen sie hoch, schwirrten auf und ab und warteten darauf, dass ich wieder verschwand. Was ich meistens auch tat, nur manchmal blieb ich stehen und schaute zu, wie sie nervös die Körner aufpickten, ein Auge auf mich gerichtet, das andere auf den Boden.

Selbst das erschien mir schon wie ein unzulässiger Akt der Machtausübung. Die Tauben hatten Hunger, und ich versetzte sie in Angst und Schrecken.

Im Frühjahr und im Frühherbst spielten wir abends Cricket oder Fußball. Ich räumte immer die Schläger weg, die noch auf dem Rasen herumlagen, wenn die Kinder schon ins Haus gerannt waren, und blieb noch ein Weilchen draußen, in der plötzlichen Stille, beobachtete den Himmel und die Krähen, die quer übers Tal in den Wald zurückkehrten.

Die Cricketschläger sind noch immer in dem alten Haus, ebenso die Tennisschläger, die Körbe mit Bällen und Frisbees, Hula-Hoop-Reifen und verstaubten Federballschlägern.

Es war ein Leben.

8

Im April 2008, fast ein Jahr nachdem die Kinder zu uns gekommen waren, ging Eva auf eine Party in der Amerikanischen Botschaft. Sie hatte Crack in ihrer Handtasche, vielleicht absichtlich, vielleicht auch nicht – bei der Routinekontrolle am Eingang wurde es entdeckt, und Eva wurde festgenommen. Daraufhin durchsuchte die Polizei Hans' und Evas Haus und fand kleinere Mengen Crack und Heroin und mehr als 85 Gramm Kokain.

TETRA-PAK-ERBE HANS KRISTIAN RAUSING GESTEHT BESITZ VON KOKAIN UND HEROIN, lautete eine Schlagzeile – und es gab noch viele andere. Scotland Yard verkündete, gegen Hans und Eva sei Anklage erhoben worden. Sie seien auf Kaution freigekommen, müssten aber Ende des Monats vor Gericht erscheinen.

Eva gab eine Erklärung ab. In kurzem Rock und mit Sonnenbrille trat sie vor die Haustür, die blonden Haare ungewaschen. Sie lächelte den Fotografen, die sich auf dem Gehweg drängten, verschwörerisch zu.

»Es tut mir sehr leid, dass ich so viel Aufregung verursacht habe«, begann sie. Sie las den Text von einem Zettel ab. »Ich werde, sobald ich kann, die Hilfe suchen, die ich so dringend brauche. Ich schäme mich für das, was ich getan habe, und hoffe, dass ich bald wieder auf den richtigen Weg komme und die Person sein kann, die ich wirklich sein will.«

Ich sehe mir die Aufnahme noch einmal an und frage mich, ob das Ganze für Eva nur ein Spiel war. Es wirkt nicht real.

Das Kaleidoskop der Sucht: Authentizität und Verstellung, Schmerz und Sehnsucht und Rebellion.

*

Als ich meinen ersten Mann geheiratet habe, bin ich zum Judentum übergetreten. Wir gingen regelmäßig in die Synagoge, als Daniel noch klein war, in die schöne Synagoge der Reformgemeinde in Westlondon. Rabbi Winer rief immer die kleinen Kinder auf die Bema, wo sie aus einem winzigen silbernen Fingerhut einen Schluck Wein trinken durften. Die meisten Kinder verzogen danach das Gesicht, aber Daniel, mit seinen drei Jahren, schluckte das bisschen Wein hinunter und kam mit einem seligen Lächeln zu uns zurückgetänzelt.

»Wisst ihr noch, wie ich in der Synagoge Wein getrunken habe?«, fragte er, als er sechs war. Wir lebten damals schon auf dem Land, weit weg von der Synagoge.

»Ja, klar! Wie war das für dich?«, fragte ich.

»Wie im Schokoland«, antwortete er und hielt meinen Blick fest.

Manchmal hörten wir auf dem Weg zur Schule im Auto den Burl-Ives-Song »Big Rock Candy Mountain«:

Oh … the buzzin' of the bees in the cigarette trees
The soda water fountain
where the lemonade springs
and the bluebird sings
in that Big Rock Candy Mountain.

Ich liebe dieses bittersüße Lied, diesen mythischen Ort,

where a bum can stay for many a day
and he won't need any mo-o-ney

Oh, die summenden Bienen in den Zigarettenbäumen,
und der Sprudel-Brunnen,
wo Limonade blubbert
und die Amseln singen,
im riesigen Zuckergebirge

Wo ein Nichtsnutz einfach leben kann
Und keinen Groschen braucht.

Die Polizisten haben dort Holzbeine und die Bulldoggen Gummizähne, es gibt einen See aus Gin für alle, und die Almosen wachsen auf Bäumen.

Eva hat mir einmal von ihrem Traum erzählt, in Knightsbridge einen Süßigkeitenladen zu führen – der Traum vom Nimmerland der Möglichkeiten.

Stattdessen nahm sie zu einer Party in der Amerikanischen Botschaft Crack mit. Was hat sie sich dabei gedacht? Hatte sie vergessen, dass sie das Zeug mit sich herumtrug, eine Tüte mit Drogen – wie alte Hustenbonbons, die noch in der Handtasche herumfahren?

Gegen Hans und Eva wurde Anklage erhoben, wegen Besitz einer beträchtlichen Menge Kokain und wegen kleinerer Mengen Crack, Heroin und Cannabis. Doch im Westminster Magistrates' Court erklärte Richter Timothy Workman, das Verfahren werde offiziell eingestellt: Hans und Eva bekamen eine Rechtsbelehrung, und ihnen wurden gewisse »Rehabilitationsmaßnahmen« als Auflage erteilt. Ihr Anwalt sagte, es habe einen »ausführlichen Schriftwechsel« zwischen seinem Büro und der Staatsanwaltschaft gegeben, »um diese höchst vernünftige Entscheidung zu bewirken«.

Die Rechtsprechung bezieht sich auf das tatsächlich Geschehene und auf die dahinterstehende Absicht. Ein Anwalt kann argumentieren, dass wohlhabende Klienten wie Hans und Eva nicht vorhaben, mit Drogen zu handeln. Was unmittelbar einleuchtet. Die beiden hatten so etwas nicht nötig. Dieses Argument kann andererseits bei armen Drogenabhängigen nicht so ohne weiteres vorgebracht werden, und dadurch verzerrt sich alles: Menschen ohne Geld (die Mehrzahl der Süchtigen) landen wegen Drogendelikten viel eher im Gefängnis – mit allem, was dazu gehört: das soziale Stigma und die potentielle Gefahr, nach der Haftstrafe eine Überdosis zu nehmen, weil sie mehrere Monate vergleichsweise clean waren (es werden zwar Drogen ins Gefängnis geschmuggelt, aber das tägliche Heroin zu bekommen ist nicht leicht). Wenn man mehr oder weniger entwöhnt ist, kann schon eine vergleichsweise geringe Dosis tödlich sein.

Wir gaben eine Erklärung ab. Ich schrieb den Text.

> Familie Rausing ist zutiefst betroffen von Hans Kristians und Evas Situation und von den Ereignissen, die zu ihrem heutigen Gerichtstermin geführt haben.
>
> Wir hoffen von ganzem Herzen, dass Hans Kristian und Eva ihre Sucht überwinden können, und wir werden auch weiterhin alles tun, um ihnen zu helfen.

Ich schrieb auch an Hans und Eva. »Was wird euch zurückbringen?«, fragte ich.

Es gibt kein Leben ohne Verantwortung und Handlungskompetenz.
Es gibt nur ein Leben.
Eure Entscheidung.
Entschlüsse fassen.
Freundschaften.
Freude.
Bitte, kommt zurück.
Ihr seid unsere Familie.

Genesung ist möglich, aber die Entscheidung liegt bei euch.

Sie sind alle irgendwie gleich, diese Briefe. Ich habe so viele. Wenn ich sie jetzt lese, bin ich unangenehm berührt; mich langweilt meine eigene Rhetorik, mich langweilen die abgedroschenen Phrasen, die matten Strohhalme der Genesungsklischees.

Studien zeigen übrigens, dass es keinen Unterschied macht, ob die Betroffenen selbst entscheiden, in Therapie zu gehen, oder ob sie gerichtlich dazu verdonnert werden: Das Ergebnis ist so ziemlich das gleiche. Wir dachten immer, der eigene Entschluss sei entscheidend. Aber wie sich herausstellt, stimmt das gar nicht: Wenn jemand erst einmal in einer Entzugsklinik ist, kann die Wende eintreten. Man muss es sich wie einen Prozess der Entradikalisierung vorstellen. Sucht ist nämlich mindestens genauso eine Kultur der Rebellion, wie sie eine Erbkrankheit ist oder eine psychische Störung.

*

Zu dem Zeitpunkt hatten wir alle bereits unsere Tauben- beziehungsweise Falkenpositionen eingenommen. Ich war in diesem Spektrum eindeutig auf der Taubenseite; Peter, Lisbets Mann, und Eric bildeten die Falkenfraktion. Lisbet tendierte eher zu den Falken als ich, aber sie war auch verzweifelter. Insgesamt verfolgten wir viele und ganz unterschiedliche Strategien, und keine half.

Einer der von uns engagierten Suchtexperten, ein Amerikaner, der mit wohlhabenden Familien arbeitete, versuchte, zu meinem Bruder eine Art Beziehung aufzubauen. Er war selbst trockener Alkoholiker. »Ich habe Hans gerade die typische Geste der Angehörigen vorgeführt«, sagte er zu mir, nach einem der zahlreichen aussichtslosen Strategiegespräche irgendwo in einem anonymen Hotel.

»Und die wäre?«, wollte ich wissen. Er schaute mir in die Augen und drohte mir dabei lachend mit dem Finger. Zeigen, belehren, ermahnen. Der erhobene Zeigefinger. Ich verstand, was er meinte. Familien kommen immer mit der gleichen Leier: *Verantwortung, Freundschaft, Freude, Leben, Entscheidungen, bitte, kommt zurück, wir sind auf eurer Seite.*

Unser Experte kannte sich aus auf dem Gebiet.

Mir brannten Tränen in den Augen.

Tränen brannten mir in den Augen: keine ungewöhnliche Formulierung, aber ich verstehe sie jetzt erst so richtig. *Brennende Tränen* überraschen dich. Sie kommen ganz plötzlich, noch bevor dein Bewusstsein den Grund dafür richtig begriffen hat.

Sie beschämen dich, weil du nicht auf sie gefasst warst; du hattest keine Zeit, dich vorzubereiten.

*

Ich recherchierte *Timothy Workman*. Ein hochinteressanter Richter. 2003 weigerte er sich, mit Grund, den tschetschenischen Führer Achmed Sakajew an Russland ausliefern zu lassen. Er lehnte es auch ab, den russischen Oligarchen und Putin-Gegner Boris Beresowski auszuliefern, der ebenfalls im britischen Exil lebte, später jedoch unter mysteriösen Umständen auf seinem Gut in Berkshire den Tod fand. 2005 erließ Workman Haftbefehl gegen einen israelischen Armee-Offizier, Generalmajor Doron Almog, nach Militäraktionen im Gaza-Streifen. General Almog landete in London Heathrow, blieb aber im Flugzeug sitzen, weil er auf keinen Fall verhaftet werden wollte. Workman ordnete bei verschiedenen islamistischen Terrorverdächtigen an, sie an die USA auszuliefern, untersagte bei anderen die Freilassung auf Kaution und zog sich 2005 den Zorn der britischen Boulevardpresse zu: Er entschuldigte sich dafür, dass er eine Verhandlung für Id al-Fitr angesetzt hatte, den Tag, an dem die Muslime das Ende des Ramadan feiern.

Timothy Workman war ein ehemaliger Bewährungshelfer, das heißt, er war vertraut mit der Welt der Sucht. Ich vermute, er wollte Zuversicht wecken. Bestimmt war er zu der Erkenntnis gelangt, dass Süchtige im Gefängnis nicht besonders gut aufgehoben sind. Aber die Rechtsbelehrung und die »Rehabilitationsmaßnahmen« brachten letztlich rein gar nichts.

*

Im Mai 2009 erlitt ich eine Gehirnerschütterung und verlor einen Teil meiner Erinnerungen. Ich weiß noch, dass ich mein Pferd zum Galopp wendete und mich dabei vorbeugte – ich weiß auch noch, wie die lange Mähne des Pferdes mir ins Gesicht wehte –, und dann kam ich unten auf dem Rasen wieder zu mir, mein kaputter Helm lag neben mir. Ich blieb noch eine ganze Weile liegen, bevor ich vorsichtig aufstand, um nach Hause zu gehen. An den Sturz selbst habe ich überhaupt keine Erinnerung. Und danach auch nur an Bruchstücke: eine nette Krankenschwester, die meine Zähne mit kaltem Wasser betupft; eine zweite Schwester, die mir die Haare kämmt und so zieht, dass es mir weh tut. Eine Infusion mit Paracetamol. Das herrliche Gefühl, in eine Wärmedecke gehüllt zu werden, die mit heißer Luft gefüllt ist, während ich vor Kälte zittere. Ein blauer Vorhang um mein Bett herum. Eric, der kommt und geht und sein ganzes Durchsetzungsvermögen aktiviert, damit bei mir eine Kernspin gemacht wird – und das an einem Sonntag im *Kent and Sussex Hospital*, einem Krankenhaus, das demnächst geschlossen werden soll und das bei den Leuten in der Gegend nur *Kent and Snuff It Hospital* heißt, also eine Einrichtung, in der es passieren kann, dass man den Löffel abgibt.

Ich blieb vollkommen ruhig. Ganze Erinnerungsschwaden waren weg – und ich habe bis heute keine Ahnung, wie viele.

Ich gehe meinen Laptop durch, Tausende von Nachrichten und Notizen über Treffen mit Anwälten, Suchtexperten, Psychologen, Psychiatern, Treuhändern. Viele aggressive und wirre Mails von Eva und auch ein paar von Hans. Sie waren beide so wütend.

Am liebsten würde ich die Texte allesamt löschen, aber ich bringe es nicht über mich. Ich habe schon zu viele Erinnerungen verloren, und das hier ist ein Archiv. Ich kann es nicht zerstören.

Mein Sohn ist fast achtzehn. Ich rede mit ihm über Alkohol. »Fang bitte nicht an zu trinken«, sage ich zu ihm. »Wenn du Alkoholiker wirst, muss ich dich leider erschießen.« Er lacht. Ich lache auch, aber da ist eine gewisse Bitterkeit – der metallische Nachgeschmack einer schlimmen Erfahrung.

Ich versuche, ihm klarzumachen, dass Sucht eine Art Familienkrankheit sein könnte. Ich erkläre ihm die genetische Komponente. Ich muss die Kinder warnen, aber ich darf die Sucht nicht zu einer Obsession werden lassen, zu einer potentiellen Selffulfilling Prophecy.

»War Hans schon immer süchtig?«, will Daniel wissen. »Ich meine – hat man was gemerkt, als er noch klein war?«

Gute Frage. Letztlich ist es die Frage aller Fragen. Mütter und Väter überall auf dem Globus stellen sie sich und pflügen die Kindheit durch, sämtliche Entwicklungsphasen. Ist es ihre Schuld? Haben sie das alles verursacht? Ist die Sucht eine Reaktion auf Ereignisse und Personen, auf aktuelle Bedürfnisse und Wünsche? Oder geht es um ein Kindheitstrauma? Ist das Problem bei manchen Menschen *so* gelagert, bei anderen total anders? Ist es ein Echo auf Schmerz? Ist es ein Ausdruck dafür, dass jemand innerlich immer leerer wird, Anzeichen für einen schrittweisen Verfall? Kann Sucht ausgelöst werden durch zufälligen Kontakt mit Substanzen, von denen man dann abhängig wird? Ist sie eine Art zweites Ich? Vorbestimmtes Schicksal? Oder eher Zufall, eine kulturelle Gewohnheit? Im Theater der Unzufriedenheit ein mieses Drama voll existentieller Tragik? Oder eine Seinsweise, für die sich Menschen an einem Regentag entscheiden und die sie nicht mehr loswerden können oder wollen?

Es gibt so etwas wie den »perfekten Sturm«. Diese Redensart hat zwei Bedeutungen: *ein besonders schweres Unwetter, ausgelöst durch eine seltene Kombination ungünstiger meteorologischer Faktoren,* oder *eine besonders schlimme Situation, verursacht durch eine unaufhaltsame Verkettung widriger Umstände*. Sucht ist der perfekte Sturm.

Hans und Eva. Da waren sie, in ihrem Londoner Stadthaus. Die makellosen Räume, das verschlossene Schlafzimmer, in dem die Telefonnummern der Dealer an der Wand standen.

Dieses Zimmer war ihre Welt.

In Strindbergs *Traumspiel* kehrt Indras Tochter gegen Ende in die Sphäre der Götter zurück. Sie versteht jetzt besser, was es heißt, ein Mensch zu sein:

So ist es also, ein Mensch zu sein …
Man vermisst sogar das, was man nie wertgeschätzt hat,
man bereut sogar das, was man nie verbrochen hat …
Man will gehen, und man will bleiben …

Ich denke an alles, was ich bereue. Es ist so viel. Wie Strindbergs Figuren quälten uns Unentschlossenheit und Uneinigkeit, wir strampelten in einem Hamsterrad: Intervention und Bedauern, Intervention und Bedauern, Intervention und Bedauern.

*

Und das Medieninteresse ließ nicht nach. In den Zeitungen standen ständig ein paar Zeilen mit irgendwelchen Hintergrundinformationen.

> Tetra Pak wurde 1951 in Schweden gegründet, von Mr Rausings Großvater Ruben Rausing, der einen Pappkarton erfand, welcher sich zur Lagerung von Milch eignete. So entstand die größte Verpackungsfirma der Welt.

Woher stammt dieses Zitat? Ich weiß es nicht mehr. Die BBC-Seite brachte folgende Informationen:

> Die Rausing-Dynastie
> 1951 von Ruben Rausing gegründet, entwickelte sich Tetra Pak rasch zu einem globalen Unternehmen.

Hans Rausing senior wurde 1954 zum *Managing Director* der Firma ernannt. Nachdem er mehrere Jahrzehnte diese Führungsposition innegehabt hatte, verkaufte er seine 50 Prozent an seinen Bruder Gad Rausing, der 2000 starb.

Und unten auf der Website ist eine Box mit der Überschrift »Weitere Geschichten aus England«:

SELBSTMORD-MUTTER GAB TÖCHTERN ACID-DRINK

HAFT FÜR POLIZEIKOMMISSAR – EHEFRAU MIT 81 MESSERSTICHEN GETÖTET

TOD BEI JUNGGESELLINNEN-ABSCHIEDS-PARTY – LKW-FAHRER FREIGESPROCHEN

»Die Menschen, sie sind zu bedauern.«

Oder, wie Caryl Churchill es ausdrückt: »Die Leute sind so kaputt.«

9

Nach dem ersten Gerichtstermin im Mai 2007, als die Kinder dann zu uns aufs Land kamen, besuchten Hans und Eva sie noch gelegentlich. Die Besuche wurden aber immer seltener. Im Sommer 2008 kam Hans das letzte Mal. An seinem Geburtstag. Er kam allein.

Ich machte einen Geburtstagskuchen. Als ich ihn aus dem Backofen geholt hatte, ließ ich ihn abkühlen und schnitt ihn in drei Schichten. Dann schlug ich die Sahne und bestrich jede Schicht sehr reichlich: So ist das in Schweden Sitte. Oben verzierte ich den Kuchen mit Himbeeren und rieb dunkle Schokolade darüber. Es war ein wunderschöner Kuchen – ein kleiner, symbolischer Tribut an die Liebe und Schlichtheit, in einer Phase, in der wir damit konfrontiert waren, dass Hans und Eva sich gegen alles sperrten, was bescheiden, innig und herzlich erschien. Der Kuchen war so etwas wie eine Verneigung vor dem Mütterlichen, dem Häuslichen. Verzweifelt versuchte ich, das irgendwie zu vermitteln. Ja nicht zu viel, dachte ich – kein Übermaß an Rechtschaffenheit, kein selbstgerechter Vorwurf.

Ich stand in meiner Schürze am Aga-Herd. Ein Bild des Mutterseins. Und gleichzeitig natürlich viel mehr als das. Klar, der Kuchen war ein Symbol und ein Geschenk, aber er war auch eine Anspielung auf unsere gemeinsame Herkunft. Als ich klein war, haben wir im Sommer alle möglichen Kuchen aus Backmischungen zubereitet – sie haben so köstlich geschmeckt, diese Mischungen, die damals so modern waren und heute mehr oder weniger verschwunden sind: das Pulver in eine Schüssel geben, Wasser dazugießen. Teig zubereiten, dann Plastikschüssel auslecken und den klebrigen Nachgeschmack des bitteren Backpulvers auskosten.

Wir aßen zu Mittag. Wir aßen den Kuchen. Wir sangen. Hans pustete die Kerzen aus.

Er ging mit den Kindern schwimmen. Er sprang in den Swimmingpool – mit der Brille auf der Nase. Er verlor die Brille und musste sie vom Grund des Beckens holen.

Später saß er mit den Kindern am Küchentisch. Ein Kind nach dem andern verschwand, bis nur noch das jüngste übrig war. Hans redete, aber immer wieder fielen ihm die Augen zu, er konnte sich kaum wach halten. Irgendwann zwischen Mittagessen und Kuchen hatte er etwas genommen, vermutete ich – wahrscheinlich eine Morphintablette oder Methadon. Heroin hätte ich gerochen, weil er es immer nur geraucht hat – er spritzte nie.

Plötzlich wollte er gehen. Ich begleitete ihn zu seinem Auto und versuchte, ihn am Wegfahren zu hindern, schaffte es aber nicht.

Später fand ich, dass ich es nicht mit genug Nachdruck versucht hatte. Ich hätte die Ausfahrt blockieren können – wenn ich schneller und stärker gewesen wäre. Aber das habe ich nicht getan. Ich habe die Autotür festgehalten, er schob mich weg.

»Du kannst nicht Auto fahren! Ich muss die Polizei alarmieren«, rief ich, schrill und hoffnungslos. Schlimmer als traurig, denke ich jetzt.

Er fuhr los, mit quietschenden Reifen.

Eric rief die Polizei: Ich brachte das nicht fertig.

Dieser Gedanke, der einfach nicht weggehen will: Ich hätte ihn aufhalten müssen. Immer wieder das Gefühl, dass ich mich einfach nicht entschieden genug eingesetzt habe und dass dadurch mein ganzes Bemühen destruktiv wurde statt hilfreich. »Hilfe« in Anführungszeichen, nicht Hilfe. Gut gemeint.

Ich habe Hans erst nach sechs Jahren wiedergesehen.

*

Evas letzter Besuch war ein paar Monate später – ich glaube, irgendwann im September 2008. Es war ein Wochenende, man spürte noch den Sommer – ganz sicher bin ich mir da allerdings nicht. Sie kam am Spätnachmittag mit dem Zug, und ich holte sie an dem kleinen Bahnhof außerhalb des Dorfes ab. Ein paar Leute stiegen aus, Eva unter ihnen. Ihre Beine waren sehr dünn, ihre Augen glasig. Die Kinder wichen vor ihr zurück, aber ich weiß nicht, ob sie das überhaupt bemerkt hat. Sie saß mit mir im Wohnzimmer und erzählte dies und jenes, seelenruhig. Nach einer Weile wollte sie wieder gehen, und ich brachte sie zum Bahnhof.

Ich habe Eva nie wiedergesehen.

Sie hörte allerdings nicht auf zu schreiben. SMS, Mails, unablässig. Sie hatte angefangen, sich mit der Kabbala zu beschäftigen, und immer wieder kam sie in ihren Mitteilungen auf Gott und auf das Böse zu sprechen. Sie sagte, ich müsse ihr gehorchen; sie sagte, ich solle zur Hölle fahren. Sich selbst bezeichnete sie als *allwissend* und *allgegenwärtig,* sie betitelte sich mit Adjektiven wie *allmächtig, ewig, unendlich* und nannte sich *die für alle Zeiten und immerfort gegenwärtige Eva.*

So viele SMS auf meinem alten Nokia-Handy, eingetroffen mitten in der Nacht. Oft endeten die Nachrichten mit der Standardmitteilung *[Textteile fehlen]* – oder wie immer die Handys das damals ausdrückten, wenn eine SMS zu lang war, um verschickt zu werden. Evas E-Mails waren noch viel länger und völlig verdreht, voller Selbstmitleid und voller Wut. Aber jetzt sehe ich zwischen den Beschimpfungen und den hirnverbrannten Vorwürfen auch die Traurigkeit, wie Silberfäden in einem Gobelin.

»Falls mir etwas zustoßen sollte – lasst ihn nicht allein«, schrieb sie am 18. Januar 2011 über Hans. »Lasst ihn entmündigen, wenn es sein muss, aber lasst ihn nicht allein, zumindest nicht in den ersten Wochen. Ich habe nichts vor, aber ich befürchte, mein Herz könnte versagen. Ich bin viel zu traurig, und manchmal hoffe ich, dass Gott mich holt und ich anderswo auf meine Kinder und Hans warten kann. Nicht, weil ich sie nicht genug liebe. Im Gegenteil. Ich liebe sie so sehr, dass mein Herz zerspringen will. Ich bin schon einmal bei einer Operation gestorben, und ich weiß, was mit uns geschieht.«

Zwischen diesen kurzen Momenten, die real und menschlich sind (ich verwende diese Wörter nur zögernd, weil ja eigentlich alles, was wir tun, per definitionem »real und menschlich« ist – sie sollen hier eine Art Kurzschrift für ehrlich oder zumindest glaubwürdig sein), kehrte sie immer zu denselben Themen zurück: Sie könne die Kinder nicht besuchen, da die sie für gefährlich halten würden, weil das Gericht bestimmt hatte, sie dürfe ihre Kinder nur unter Aufsicht sehen; wir hätten den Richter, die Sozialarbeiter und die Psychiater bestochen; alle Leute – ihre Sekretärin, ihr Steuerberater, ihre Treuhänder, ihr Personal – würden sie bestehlen oder körperlich angreifen; sie besitze besondere Fähigkeiten, weil sie 2006 bei der Herzoperation »gestorben« sei.

Während ich jetzt noch einmal meine E-Mails durchgehe, finde ich eine alte Nachricht von Eva, die sehr typisch ist. Sie schrieb mir, ich hätte einen Pfahl durch ihr Herz gebohrt und Nägel durch ihre Hände, sie leide unerträgliche Schmerzen. Sie behauptete, ich hätte vor Gericht gelogen und ihr die Kinder gestohlen. Sie werde mir nie verzeihen: »Ich verachte dich so abgrundtief, wie man es gar nicht beschreiben kann«, schrieb sie.

Ich versuche nachzuvollziehen, warum sie diese Nachricht geschrieben haben könnte. Sie kam spätabends. Ich lese den Rest meiner Inbox von diesem Tag, um zu sehen, was sonst noch los war. Da ist eine Mail von Lisbet über eine Versammlung in der Schule. Die Mail war harmlos und freundlich, aber wenn ich sie jetzt lese, kann ich mir denken, weshalb sie bei Eva diesen Wutanfall ausgelöst haben könnte. Lisbet hatte die Nachricht nicht nur an uns und an unser Kindermädchen Mel geschickt, sondern auch an Evas Eltern, und diese haben die Mail möglicherweise an Eva weitergeleitet. Offensichtlich war es eins von Lisbets Wochenenden – jedes zweite Wochenende kümmerten sich Lisbet und Peter um die Kinder, bei uns zu Hause. An solchen Wochenenden war Daniel dann immer bei seinem Vater in London, und Eric und ich fuhren ebenfalls nach London. Sonntagnachmittags holten wir Daniel wieder ab, fuhren zurück aufs Land und bereiteten die kommende Woche vor.

Sonntag, 7. September 2008

Hallo an alle,

ich war am Samstag bei einem Termin für Klasse 6, also Daniels Jahrgang. Folgendes wurde besprochen:

Es wird eine Einteilung in Leistungsgruppen geben, aber keine eigentliche Begabtengruppe, und die Kinder bewegen sich in der Regel zwischen den Gruppen hin und her. Es ist wichtig, dass die Kinder sich nicht als Elite fühlen, wenn sie ausgewählt werden.

Hausaufgabenhefte sind der Schlüssel: Die Prep-

Hefte sollen jeden Tag überprüft und unterschrieben werden. Auf keinen Fall für die Kinder die Aufgaben erledigen! (Aber dafür sorgen, dass sie ihre Hausaufgaben machen). Es ist wichtig für die Lehrer, dass sie wissen, ob ein Kind etwas nicht schafft. Falls es Probleme gibt – bitte ins Prep-Heft eintragen. Jede Prep-Aufgabe sollte höchstens eine halbe Stunde in Anspruch nehmen: Die Kinder können aufhören, wenn sie nach dreißig Minuten nicht fertig sind.

Die Kinder sind garantiert müde von der zusätzlichen Arbeit – sie müssen sich zu Hause ausruhen und gesunde Sachen essen.

Mr W. ist der Jugendschutzbeauftragte, und die Schule selbst wird alle schwierigeren Fälle mit den *Children's Services* besprechen, wobei sie, wenn irgend möglich, zuerst mit den Eltern reden, außer wenn es sich um einen Notfall handelt.

Bei diesem Jahrgang muss im Herbst die Senior School ausgewählt werden. Bitte daran denken, dass die Listen schnell voll sind. Plätze vormerken lassen!

Beim Mittagessen gibt es ab jetzt eine noch umfangreichere Salatbar.

Die Kinder bekommen Aufgaben, die sie nach einer Woche abgeben müssen. Tests werden nicht vorher angekündigt. Die Kinder sollen lernen, sich die Aufgaben einzuteilen und das ihnen angemessene Tempo zu finden, um selbstmotiviert und selbstorganisiert zu werden.

Die Kinder nehmen alle teil am ESB, dem English

Speaking Board: Die Familien sind herzlich eingeladen, ihre Kinder zu hören.

Im Sommer-Trimester machen die Kinder einen großen Campingausflug.

Das Sommer-Trimester ist ein günstiger Zeitpunkt, um mit dem Internat zu beginnen, Vollzeit oder auch nur während der Woche. Die Kinder flitzen durch die Gegend und haben viel Spaß bei dem schönen Sommerwetter. Demnächst findet ein Schnupperwochenende im Internat statt. In diesem Jahrgang gibt es viele Freitagabend-Internatsschüler.

Bisher ist noch nicht entschieden, ob Jahrgang 6 dieses Jahr ein Theaterstück aufführt.

Am Wochenende hätte ein Brief des Klassenlehrers kommen sollen (ich habe ihn nicht gefunden, aber vielleicht gelingt es dir, Mel?).

In alter Frische,
Lisbet

Wirklich eine nette Mail, alles sorgfältig vermerkt. Aber wenn dir deine Kinder vom Gericht abgesprochen wurden, dann kann so eine Mail dich in Verzweiflung stürzen. Die ganzen Details: die umfangreiche Salatbar und der Campingausflug; die Anmerkung zum English Speaking Board, diesem Ritual, bei dem elfjährige Kinder ohne Notizen über ein selbstgewähltes Thema sprechen, unterstützt und angefeuert von Familie und Freunden – all das, verbunden mit der etwas kryptischen

Erwähnung des Jugendschutzbeauftragten, kann sich schon so anfühlen, als würden einem Nägel durch die Handflächen geschlagen.

Ich fühle mich erdrückt von Schuldgefühlen, während ich über diese möglichen Zusammenhänge nachdenke. Mir ist klar: Es gibt keine Suchtgeschichte, bei der sich nicht alles um Schuld dreht. Jeder von uns war schuld – und keiner von uns war schuld. Wir haben versucht, eine Tragödie zu bewältigen, die größer war als wir selbst; eine Tragödie, auf die wir so schlecht vorbereitet waren wie alle anderen, trotz unserer Anwälte und Suchtexperten. Und vielleicht hat Eva ja Lisbets Mail gar nicht gelesen. Vielleicht war sie unglücklich und hat rein zufällig am selben Tag ihre wütende Mitteilung abgeschickt. Aber ich suche nach einer Art Logik, nach Ursache und Wirkung. Ich will das Rätsel lösen, die verbliebenen Fragen klären.

Wir haben aufrichtig versucht zu helfen. Da bin ich mir sicher. Aber es war nicht die Art Hilfe, die Hans und Eva wollten oder brauchten. »Ich bin unfähig, die Dinge so zu sehen wie du, folglich habe ich nicht das Gefühl, dass mir ›geholfen‹ wird«, schrieb Eva mir im Januar 2011. »Ich fühle mich kaputt, versehrt, zutiefst verwundet, und ich merke, dass ich bald sterben werde.«

Ich habe ihr nicht geglaubt, aber sie hatte recht.

*

Am 29. Mai 2011 schrieb mir Eva eine lange Mail, die sehr traurig endete.

> »Ich glaube, ich bin nicht annähernd so stark, wie die Leute denken. So wie kein Mensch ahnt, wie innig ich meine Kinder liebe, weil ich diese Liebe verborgen habe.«

> »Danke, dass du das alles liest, Sigrid. Ich rede mit kaum jemandem. Du hast keine Ahnung.«

> »Alles Liebe
> Ich bin immer noch
> deine Eva«

Meine Antwort war ein Versuch, sie dazu zu bringen, die Kinder zu besuchen:

> Sie vermissen dich sehr, und sie möchten dich sehen. Es ist nicht zu spät. Ich wollte, ich könnte dich dazu überreden, alles beiseitezuschieben: deinen Stolz, die verletzten Gefühle und die Demütigungen, deine Wut und deine Verbitterung. Ich wollte, ich könnte dich überreden, wenigstens den Versuch zu unternehmen, mit den Kindern wieder eine Beziehung aufzubauen – ich wollte, ihr würdet die Kinder an erste Stelle setzen und nicht euch selbst. Weil du die Kinder noch nicht besucht hast, vermute ich, dass ein Teil von dir denkt, es geht ihnen besser ohne dich. Aber

ich glaube, das stimmt nicht. Sie würden dich und euch sehr gern sehen und würden sich freuen – in ihnen brennt eine Wunde, weil sie euch vermissen, und diese Wunde will nicht heilen. Selbst wenn sie nicht jeden Tag an euch denken (was sie aber meiner Überzeugung nach tun), vermissen sie euch trotzdem und brauchen euch.

Am selben Abend, an dem Eva mir schrieb, korrespondierte sie auch mit unserer Anwältin, die für die Kinder zuständig war, und beschimpfte sie: Sie habe vor Gericht in betrügerischer Absicht unsere eidesstattlichen Erklärungen verändert, die Kinder betreffend. Mit dieser Behauptung kam sie immer wieder. Hans und Eva konnten sich an diese Erklärungen gar nicht mehr erinnern, sie hatten den Überblick verloren. Häufig warfen sie uns vor, wir würden Ansprüche geltend machen, die wir nie erhoben hatten. Sie verloren die Gerichtsunterlagen, wir schickten ihnen Kopien, die sie als gefälscht zurückwiesen. Wir beantragten beglaubigte Kopien und schickten sie ihnen, aber auch diese Papiere wurden verschlampt oder abgelehnt.

Der kleine Hund liegt jetzt auf dem Teppich und schläft, die Nase in einen meiner alten Socken gedrückt. Seine Hundeleine liegt neben ihm auf dem Boden; das Fenster klirrt leise im Wind.

Ich denke daran, wie die Sozialarbeiter hier im Zimmer standen – Eva hatte ihnen geschrieben und behauptet, Eric sei homosexuell und ich sei depressiv und würde Medikamente nehmen. Wir seien daher nicht geeignet, die Kinder zu betreuen. Die Sozialarbeiter aus Brighton statteten uns einen Hausbesuch ab. Sie befanden sich in einer unangenehmen Lage: Sie mussten Nachforschungen über uns anstellen, wollten uns aber gleichzeitig zu verstehen geben, dass sie mit der impliziten Homophobie in Evas Brief keineswegs einverstanden waren.

Die Nachforschungen dauerten nicht lang – ein kurzes Gespräch, und dann wollten sie noch beobachten, wie wir mit den Kindern interagieren. In unserer Küche. Wir wurden selbstverständlich bewertet, aber es geschah ziemlich beiläufig. Nur zwei Kinder waren zu Hause. Meine Nichte drückte sich an das Kindermädchen Mel und lächelte schüchtern. Mein Neffe drückte sich kichernd an mich. Mel grinste ironisch, und sogar die Hunde schienen das absurde Theater amüsant zu finden.

10

Im Mai 2012 brach jegliche Kommunikation ab – Funkstille. Praktisch alle Kontakte waren über Eva gelaufen, nicht über Hans – Eva war eine leidenschaftliche Kommunikatorin, und als sie aufhörte zu schreiben, herrschte Schweigen.

Es ging das Gerücht, sie sei mit Hans am 12. Juni irgendwohin gefahren. Eins der Autos war weg. Im Wagen seien Kissen gewesen, behauptete jemand. Was hatte das zu bedeuten? Wir saugten die mageren Fakten auf, stellten uns gegenseitig nutzlose Fragen, von denen wir wussten, dass es keine Antworten gab und dass sie uns nicht weiterbringen würden. Wir hatten uns zu lang im Reich *des Suchens, des Beobachtens, der Gutachten* aufgehalten.

Das verhieß nichts Gutes, so viel war uns klar.

Aber … war Eva nach Amerika zurückgegangen?

Hatte jemand ihren Pass gesehen?

Wie konnten wir herausfinden, ob …?

Ich glaube, zu dem Zeitpunkt hatten wir längst aufgegeben. Die Fragen waren rhetorisch.

Ein Abgrund tat sich auf.

*

Ende Mai 2012 kam meine Mutter ins Krankenhaus, weil bei ihr bisher unbekannte, alarmierende Symptome aufgetreten waren – sie hatte seltsame Magenschmerzen und Beklemmungen. Ich hatte die Einweisung veranlasst und begleitete sie in die Klinik. Vorher kam sie zum Lunch zu uns. Sie übersah eine Stufe, fiel sehr unglücklich nach hinten und schlug mit dem Kopf gegen eine Holzkante. Sie war zweiundachtzig, und ich dachte, wir müssten den Krankenwagen rufen, doch erstaunlicherweise schien sie gar nicht weiter beeinträchtigt. Also fuhren wir wie geplant ins Krankenhaus, wo sie untersucht wurde. Sie hatte keine Gehirnerschütterung – und verlor kein Wort mehr über den Sturz.

Die Ärzte konnten keine körperlichen Probleme entdecken.

Rückblickend denke ich, die Tatsache, dass wir plötzlich gar nichts mehr von Hans und Eva hörten, löste bei ihr eine unterschwellige Panik aus, die sie krank machte. Ich glaube, sie spürte, was wir anderen nicht spürten: die Bedeutung dieser Funkstille.

*

Am 8. Juli, einem Sonntag, flogen wir nach Schweden, mit den Kindern, unserem Hund Leo und meiner Schwester. Wir waren so guter Laune im Flugzeug und zeigten uns gegenseitig, was es unten zu sehen gab: Da ist das Meer! Dort – unser Dorf! Seht ihr die Insel? Die Kinder redeten und lachten, Leo grinste breit und wedelte mit dem Schwanz, die Augen vor Zufriedenheit halb geschlossen.

Es war schön – fast zu schön. Wir landeten und standen auf dem asphaltierten Rollfeld des winzigen ländlichen Flughafens, wo wir von einem netten Polizisten begrüßt wurden, der die Rolle des Grenzbeamten übernahm. Wir reichten ihm unsere Pässe, wir schauten hinauf in den weiten, blauen Himmel.

Und plötzlich war eine ganz seltsame Stimmung, als läge Unheil in der Luft.

»Ich habe das Gefühl, bald passiert etwas«, sagte ich zu Eric.

Am folgenden Tag, also am 9. Juli 2012, wurde Hans auf der Wandsworth Bridge in London festgenommen, und sein schreckliches Leben wurde offenbar.

Ich hatte an dem Tag ein Telefoninterview, über Menschenrechte in Weißrussland. Und dann kam Eric in mein Arbeitszimmer, ganz schnell, ganz leise. Er hielt einen Zettel in der Hand: *»Man hat Evas Leiche gefunden«.*

Ich las den Zettel, während mein Gesprächspartner

weiter über Andrej Sannikow redete, den Präsidentschaftskandidaten, der von Präsident Lukaschenko verhaftet worden war.

Ich starrte Eric an. Ich bekam keine Luft, konnte mich nicht bewegen. Die Zeit blieb stehen. Eric wollte etwas tun, erwiderte meinen Blick, wartete auf mich, mit seinem Zettel.

Leo räkelte sich auf dem Fußboden, er ahnte nichts von dem Schrecken.

Man hat Evas Leiche gefunden.

Woher kommt dieses Unterwassergefühl bei einem Schock? Alles bewegt sich wie in Zeitlupe, und dann dieses jähe, unsichtbare Gewicht aus Blei, das einen verstummen lässt …

Wir wussten eigentlich noch gar nichts – außer dass eine Leiche gefunden worden war, von der man annahm, dass es sich um Eva handelte.

Mein atheistisches Erbe, dieser Satz. Ich vermute, ich müsste es anders formulieren … *eine Leiche, von der man annahm, dass es sich um* Evas Leiche *handelte*. Wir besitzen auch noch im Tod unseren Körper, obwohl wir ihn verloren haben oder er uns. Aber im wirklichen Leben, wie ich manchmal zu den Kindern sage, im wirklichen Leben … war die Leiche Eva? Oder war die Leiche Evas Leiche?

Ich weiß es nicht.

Was ist das Leben?

Der unendliche und zugleich unendlich kleine Teil von Eva, der *ihr Leben* gewesen war, existierte nicht mehr.

Eine Leiche war gefunden worden, von der man annahm, dass es sich um Evas Leiche handelte.

So muss es sein.

Eva war nicht mehr da; man hatte ihre Leiche gefunden.

Aber eigentlich wussten wir nur so viel: *Eine Leiche war gefunden worden*.

Bald wussten wir mehr. Es war schlimmer, als wir gedacht hatten. Die Leiche – inzwischen sprach man von *menschlichen Überresten* – war im Schlafzimmer im zweiten Stock entdeckt worden. Sie hatte längere Zeit dort gelegen.

Einen Tag später wurde uns bestätigt, dass es Eva war. Sie war vermutlich an einem Herzinfarkt gestorben, aber im Grunde wussten wir nur, dass sie tot war.

Das war es, was wir erfuhren: Hans hatte ihre Leiche mit Kleidern zugedeckt und dann in eine Abdeckplane gewickelt. Er hatte die Tür mit Isolierband zugeklebt, die Tür zum »Annex« ihres Hauses, wie die Presse sich ausdrückte – Schlafzimmer, Ankleidezimmer, Badezimmer. Dieser Annex war, so stand es in der Presse, eine Drogenhöhle.

Drogenhöhle ist nur ein Wort, klar. Kleider überall auf dem Fußboden verstreut. Flaschen. Müll.

Die Leiche in eine Plane gewickelt und unter der Matratze versteckt, unter einem Flachbildfernseher.

*

Hans nahm zu der Zeit jeden Tag genug Morphin, um ein kleines Pferd zu töten, sagte man mir. Er lag in der Polizeizelle auf dem Boden, krümmte sich vor Schmerzen. Man gab ihm eine Paracetamoltablette gegen die Entzugserscheinungen. Er war katatonisch, vom Entzug, vom Schock, von dem ganzen Elend, und wurde dann ins Krankenhaus gebracht, zu einer medizinisch überwachten Entgiftung.

Genug Morphin, um ein kleines Pferd umzubringen. Ich fand die Analogie ziemlich merkwürdig, weil Tiere ja völlig anders auf Drogen reagieren. Ich begriff gar nicht, was gemeint war – genug Morphin am Tag, um damit mehrere Personen umzubringen? Der Vergleich brachte mich komplett durcheinander, und in Gedanken sah ich die ganzen Pferde vor mir, die ich kenne. Meinen Großvater mit seinen Rennpferden, unsere Ställe, unsere Vergangenheit.

Ich wollte unbedingt herausfinden, wie Pferde auf Morphin reagieren.

Versuche, an etwas anderes zu denken. Wie oft habe ich meine Mutter das sagen hören. Versuche, an etwas anderes zu denken.

*

Den Tod enthüllen. Die Geschichte erzählen.

Den Kindern sagen, dass ihre Mutter tot ist.

Sie waren noch so klein.

Schon nach wenigen Stunden kam die Meldung in den Nachrichten. Eine Flut von E-Mails, mit Betreffs wie *wir denken an euch, liebevolle Gedanken, unser Beileid, Eva*, traf ein. Bald kamen auch Briefe.

Eine Medienlawine rollte an, Journalisten und Fotografen überall. Wir sahen vom Haus aus die Funkwagen, die Fotografen mit ihren Kameras.

Kurze Zeit stand Hans unter Mordverdacht. Ich weiß noch, wie ich zu den Kindern gesagt habe: Das bedeutet nicht, dass er schuldig ist oder dass irgendjemand ihn für schuldig hält. Sie schauten mich mit leeren Augen an.

> Wie die Welt inzwischen weiß, wurde Eva Rausings Leiche vergangenen Montag in ihrer 70-Millionen-Villa in Chelsea gefunden. Eva Rausing war 48 Jahre alt.

Ihr Ehemann, Hans Kristian, Miterbe der £ 4,5 Tetra-Pak-Milliarden, wurde wegen Mordverdacht festgenommen.

Daily Mail, 14. Juli 2012

*

Wenig später fuhren die Kinder weg, mein Sohn ging zu seinem Vater, die anderen nach Amerika, zu Evas Schwester und Eltern.

Die Hasen boxten, die Silbermöwen kreischten.

Wirbelnde Starenformationen versammelten sich in der Abenddämmerung und flogen zum Marschland jenseits des Hafens. Wir beobachteten Abend für Abend den Sonnenuntergang.

Eric und ich blieben in Schweden, um in der Nähe meiner Eltern zu sein. Sie waren gleich nebenan, in dem alten Cottage.

Eric kochte für mich. Wir spielten Schach – beim Mittagessen, beim Abendessen, am Küchentisch. Wie immer. Ich verlor jedes Mal. Ich habe dreiundzwanzig Spiele nacheinander verloren.

Wir sahen keine Nachrichten, wir lasen keine Zeitung.

Was haben wir eigentlich die ganze Zeit gemacht? Ich weiß es nicht mehr. Wir saßen bei meinen Eltern.

Wir schauten uns Gillo Pontecorvos Film *La battaglia di Algeri* (Die Schlacht um Algier) noch einmal an, diesen

Film von 1966 über den algerischen Unabhängigkeitskrieg. Bombenterror, französische Unterdrückung und Folter.

Alle paar Stunden bekam ich einen Weinkrampf, bis ich nicht mehr atmen konnte. Zwischen diesen Wellen der Trauer war ich absolut erschöpft.

Die Zeit, verzerrt.

Leo folgte mir von Raum zu Raum. Im stillen Haus.

Das Auge des Sturms. Es war so friedlich dort.

11

Eva starb am 7. Mai 2012. Die gerichtliche Untersuchung fand im Dezember desselben Jahres statt. Hans sagte aus, er sei dabei gewesen, als sie starb. Seinem Psychiater hatte er gesagt, Eva habe so friedlich ausgesehen. Und wie ein Kind.

Eva war ein paar Tage vor ihrem Tod von einer kalifornischen Entzugsklinik zurückgekommen. Später erfuhren wir, dass man sie dort aufgefordert hatte zu gehen, weil sie Drogen ins Haus gebracht habe.

Die Medien veröffentlichten unzählige »letzte Bilder« von Eva und behaupteten, sie habe »ausgemergelt« und »krank« ausgesehen. Ich betrachte die Fotos und denke: Im Gegenteil, sie sah richtig gut aus, ganz anders als an dem Tag, als ich sie zum letzten Mal gesehen habe, im September 2008. Sie hatte ein bisschen zugenommen, lange Haare. Ihre Beine waren vielleicht leicht geschwollen, aber das fiel nicht weiter auf.

Ich suche die letzten Aufnahmen von Eva online, zufälliges Bildmaterial, das irgendjemand auf der Straße aufgenommen hat.

Es stimmt, sie ist nicht sehr sicher auf den Beinen.

Hans hat sie offenbar zum Zahnarzt gefahren. Er – auch nicht ganz trittsicher, ziemlich grau und gebeugt – steigt aus und hilft ihr beim Aussteigen. Sie fragt ihn etwas. Als Antwort deutet er irgendwohin, wahrscheinlich zum Eingang der Zahnarztpraxis.

Immer wieder sehe ich mir den kurzen Clip an. Ich hatte die beiden vier Jahre lang nicht gesehen.

*

Als wir klein waren, spielte mein Vater bei langen Autofahrten oder auf Wanderungen oft ein Spiel mit uns: Was wir tun würden, wenn die ganze Menschheit ausgelöscht wäre und wir uns allein in einer postapokalyptischen Welt durchschlagen müssten. Wie würden wir leben? Und wo? Überleben war das Ziel, aber hinter jeder Ecke lauerten Gefahren: Hunger, Infektionen, wilde Hunde. Mein Vater entwarf Szenarien, für die er die Antike und die traditionellen Methoden der Nahrungsmittelkonservierung heranzog; Hunde, die im Rudel jagten; natürliche Quellen für Protein und Vitamine. Wir versuchten, uns Lösungen einfallen zu lassen, die dann auch wieder Konsequenzen hatten und zu neuen Problemen führten.

An das Spiel denke ich manchmal, an diese Bilder des Alleinseins: wie wir verlassene Farmen und Supermärkte plündern, wie wir Pferde freilassen, die in Ställe eingesperrt sind, wie wir über den Kanal segeln, nach Süden.

Ich denke an Hans und Eva in ihrem verriegelten Zimmer, mit ihren verfaulenden Zähnen.

Drogen dämpfen die Empfindungsfähigkeit. Und ohne Gefühle können wir nicht leben. Ich lese im *New Scientist* oder im *Scientific American*, Wissenschaftler hätten nachgewiesen, dass Fruchtfliegen »unruhig« werden durch Schatten, die wie die Flügel eines Fressfeindes aussehen. Angst ist entscheidend fürs Überleben: Fliegen mit Angst haben einen enormen evolutionären Vorteil gegenüber Fliegen ohne Angst. Tiere brauchen Gefühle, um zu überleben. Wir auch.

Ohne Emotionen kann man mitten in London ein Schiffbrüchiger werden. Ein Plünderer im eigenen Haus.

*

7. Mai, in den frühen Morgenstunden. Für Hans und Eva war es der späte Abend – sie waren Nachtschwärmer, und Eva hatte bestimmt Jetlag von der Woche in der kalifornischen Klinik. Also der 6. Mai.

Ein Sonntag. Dann ein Montag.

*

Nachdem Hans auf der Wandsworth Bridge festgenommen worden war, wurde er ins Krankenhaus eingeliefert, zur Entgiftung und zur medikamentösen Therapie.

Die erste Anhörung war am Mittwoch, 1. August 2012. Hans äußerte sich nur zweimal – um seinen Namen zu bestätigen und um sich für schuldig zu erklären im Sinne der Anklage: Er war angeklagt, verhindert zu haben, dass seine Frau angemessen beigesetzt wurde. Im Grunde wurde er unter gerichtliche Führungsaufsicht gestellt: eine kurze Gefängnisstrafe, die zur Bewährung ausgesetzt wurde, und ein zweijähriges Entzugsprogramm.

Hans hatte bei der Polizei eine Aussage gemacht, die vor Gericht verlesen wurde. Er sei durch Evas Tod am Boden zerstört und traumatisiert, sagte er. Er habe keine kohärente Erinnerung an die Ereignisse, die zu ihrem Tod führten. Er habe seiner Frau niemals Schaden zufügen wollen, er habe ihr nie Schaden zugefügt oder ihr Drogen beschafft.

»Ich war außerstande, mich der Realität ihres Todes zu stellen … Ich habe einfach weitergemacht, als wäre sie nicht gestorben. Fragen nach ihr habe ich abgewehrt. Ich ergriff verschiedene Maßnahmen, um den Geruch zu reduzieren.

Ich denke, dass ich nach ihrem Tod einen Zusammenbruch erlitten habe.«

*

Ich spreche mit meinem Psychoanalytiker darüber, wie es möglich ist, dass mein Bruder imstande war, *einfach weiterzumachen*, als wäre Eva nicht gestorben. Er deutet dieses Verhalten als eine extreme Form der Abspaltung. Wir telefonieren; ich höre, wie er aufsteht und zum Bücherregal geht, um ein Buch herauszuholen. Er suche eine bestimmte Fallstudie, sagt er, von dem Analytiker Herbert Rosenfeld über eine Patientin namens Caroline, die gleichzeitig in analytischer Ausbildung war.

Herbert Rosenfeld wurde 1910 in Deutschland geboren und kam 1935 nach Großbritannien, als jüdischer Flüchtling. Er war zu der Zeit bereits Arzt, musste aber sein medizinisches Diplom in England wiederholen und machte schließlich seinen Facharzt in Psychoanalyse, bei Melanie Klein. Auf der Seite des Melanie-Klein-Trusts gibt es ein Foto von ihm: Er sitzt da, ein alter Mann in einem zerknitterten weißen Pullover mit V-Ausschnitt, und lächelt ein etwas schiefes, ironisches Lächeln. Warum fasziniert mich das Bild so? Ist es das Gefühl: Dieser Mann hätte es geschafft – er hätte die traurige Geschichte in Ordnung bringen und Hans und Eva retten können, und uns allen hätte er weise und unvergessliche Worte mit auf den Weg gegeben?

Rosenfelds Buch von 1987, *Sackgassen und Deutungen*, handelt von dem Problem der Sackgasse im psychoanalytischen Prozess: Das Gespräch zwischen Patient und Analytiker verflacht; das Interesse, der Funke erlischt; Übertragung und Gegenübertragung werden schwächer. Dieses »Nachlassen« ist das Thema des ganzen Buches. Es enthält viele Fallstudien, und mehrere sind so dramatisch wie der Fall Caroline. Rosenfelds These lautet, dass die Sackgassen, wenn sie richtig analysiert werden, etwas Interessantes über die Psyche des Patienten ans Tageslicht bringen können. Umgekehrt kann die Sackgasse, wenn sie nicht mit Sorgfalt behandelt wird, durchaus gefährlich werden und schädlich für die psychische Gesundheit der Patienten. Die Psychoanalyse muss also eine Sackgasse genau beobachten und sehr behutsam damit umgehen.

Caroline war in der Analyse gleichzeitig Patientin und Schülerin. Sie wirkte glücklich und stabil, schreibt Rosenfeld, wenn auch vielleicht »ein bisschen manisch«. Sie war zu der Selbstdiagnose »schizoide Persönlichkeit« gelangt. Es gab aber zwei Punkte, die Rosenfeld beunruhigten: Caroline dachte, dass die Krankenschwestern in der Klinik, in der sie arbeitete, ihr nachspionierten, weil alle vermuteten, sie nehme Drogen, und sie verlor ihren Job in der Klinik – wegen eines »Missverständnisses« oder wegen einer »Tatsachenverdrehung«, sagte sie.

Carolines Ziel, das sie schließlich auch verwirklichte, war es, Leiterin einer Klinik für Drogenabhängige zu werden. Aber ihr Assistent dort meldete sie der Polizei: Caroline habe, so seine Aussage, für enorme Geldsummen Drogenrezepte an Süchtige verkauft. Ihr Anwalt ging der Sache nach und fand heraus, dass die Anschuldigung stimmte. Er wandte sich an Rosenfeld und bat ihn, seine Verteidigungsstrategie mit der Diagnose Schizophrenie zu unterstützen. Caroline selbst behauptete nun in Briefen aus der Haft, sie sei vollkommen gesund und unschuldig – das heißt, es war für den Verteidiger eine vertrackte Situation, angesichts so überwältigender

Beweise. »Mich hat das Ganze in eine knifflige Lage gebracht«, schreibt Rosenfeld mit gewinnender Offenheit.

Dann geschah etwas, womit keiner gerechnet hatte: Caroline versuchte vom Gefängnis aus, einen Auftragskiller anzuheuern, der ihren Assistenten umbringen sollte, weil der sie an die Polizei verpfiffen hatte. Sie kam zur Beobachtung in die Psychiatrie und wurde für gesund befunden. Als sie jedoch beim darauffolgenden Gerichtsverfahren schuldig gesprochen wurde, bekam sie akuten Verfolgungswahn und litt unter extremen Unruheschüben. Letzten Endes lief die Diagnose dann doch auf Schizophrenie hinaus, und Caroline wurde, möglicherweise auf Lebenszeit, in eine psychiatrische Anstalt eingeliefert.

Rosenfeld kam zu der Überzeugung, dass Carolines Persönlichkeit eine »destruktive, mordlüsterne, kriminelle Seite hatte, die komplett abgespalten war und schließlich so mächtig wurde, dass ich erst durch einen Zeitungsartikel und das Eingreifen der Polizei davon erfahren habe (genau wie ihr Ehemann und in gewisser Weise sogar Caroline selbst).«

Ob Caroline drogensüchtig war, sagt Rosenfeld nicht, aber unabhängig davon spielen Drogen eine zentrale Rolle in ihrer Geschichte. Dass Rosenfeld in Bezug auf ihre moralische Schuld so ambivalent blieb, gehört immanent zur Psychoanalyse, doch seine Ambivalenz spiegelt auch unsere generelle Unsicherheit wider, ob im Zusammenhang mit Drogen die Kategorien Unschuld und Schuld überhaupt geltend gemacht werden können. Es gibt bei uns keinen gesellschaftlichen Konsens, inwieweit man bei Drogensüchtigen von Schuld sprechen kann, wenn sie gegen das Gesetz und gegen soziale Normen verstoßen und ihren Familien Leid zufügen – was ja oft genug und in ganz verschiedener Form vorkommt. Es ist nicht möglich, gleichzeitig geisteskrank und schuldig sein – es geht nur entweder das eine oder das andere. Aber Süchtige haben einen Fuß in beiden Lagern, und in dieser Verwirrung, in diesem Nebel des mentalen Achselzuckens, in diesem Niemandsland zwischen unserem Konzept der individuellen Selbstbestimmung und einer psychischen Krankheit voller Begierden und Zwänge, sterben Menschen, werden Kinder vernachlässigt und brechen Familien auseinander.

Ich will nicht behaupten, es sei einfach, zwischen Unschuld und Schuld, zwischen Zwang und freiem Willen die Grenzlinie zu ziehen – weder auf philosophischer noch auf juristischer Ebene. Ich trete ein für die Prinzipien der Menschenrechte, und ich kenne die zweifelhafte Geschichte vieler psychiatrischer Diagnosen und Methoden, die oft unter Gewaltanwendung durchgesetzt wurden. Bis 1973 galt Homosexualität in den Vereinigten Staaten als schwere psychische Störung. In jüngerer Vergangenheit sorgte eine – inzwischen in Misskredit geratene – psychologische Schule für Unruhe, die sogenannte Trauma-Erinnerungstherapie. Bei diesem methodischen Ansatz wurden »verschollene Erinnerungen« an sexuellen Missbrauch ausgegraben, wenn Patienten (vor allem Frauen) Symptome zeigten, die mit sexuellem Missbrauch in Verbindung gebracht werden konnten. Was dazu führte, dass mehr als hundert angebliche Missbrauchstäter (vor allem Männer) verfolgt wurden, von denen die meisten, wenn nicht alle, höchstwahrscheinlich unschuldig waren.

Wohlgemerkt: »die meisten, wenn nicht alle«. Ich habe das ganz automatisch so geschrieben – für den Fall, dass manche doch schuldig waren. Deshalb bleibt das Stigma des Missbrauchs bis zum Lebensende an ihnen haften. Niemand wird je wissen, ob ihre Unschuld definitiv nachgewiesen wurde und ob sie überhaupt nachgewiesen werden *kann*. Nur eins ist sicher, nämlich dass die Vorgehensweise der Trauma-Erinnerungstherapie diskreditiert wurde. Aber haben wir nicht alle die Erfahrung gemacht und glauben wir nicht alle, dass Mangel an Beweisen nicht identisch ist mit einem Unschuldsbeweis?

Ich war Mitglied eines Spendenkomitees für die NSPCC (*National Society for the Prevention of Cruelty to Children*), als der Cleveland-Fall aufkam. Einem Mitarbeiter gegenüber äußerte ich meine Bedenken – die Razzien in der Morgendämmerung, die übergriffigen und unsicheren Tests –, doch er meinte: *Es gibt keinen Rauch ohne Feuer.*

Kein Rauch ohne Feuer! Gilt nicht nach dem Gesetz immer die Unschuldsvermutung? Niemand darf als schuldig gelten, der nicht verurteilt wurde. Und gleichgültig, ob die Eltern schuldig waren oder nicht – der

Staat misshandelte diese Kinder, durch die überfallartigen Hausdurchsuchungen und die Analtests.

Die Trauma-Erinnerungstherapie endete (oder hätte enden sollen) Anfang der neunziger Jahre, als Elizabeth Loftus an der University of Washington eine Reihe von psychologischen Experimenten entwickelte, mit denen sie nachwies, wie leicht es ist, durch Suggestion falsche Erinnerungen einzupflanzen. Aber die Idee der »verschollenen Erinnerungen« hält sich trotzdem hartnäckig.

Mag sein, dass es im psychoanalytischen Kontext keine klare strafrechtliche Schuld geben kann. Die meisten Erwähnungen von Schuld beziehen sich in der psychoanalytischen Literatur auf die neurotische Obsession mit vergessenen (oder verdrängten) Kindheitserlebnissen oder -verfehlungen. Menschen, die solche Schuldgefühle haben, sind per definitionem unschuldig. Was Rosenfelds Caroline-Fallstudie so interessant macht, ist die Tatsache, dass Caroline tatsächlich schuldig war und dass Rosenfeld nicht recht wusste, wie er damit umgehen sollte. Er musste entscheiden, ob er die Schizophrenieverteidigungsstrategie unterstützen wollte, aber er stand auch vor der tiefergehenden Frage, wie man eine Person diagnostiziert und behandelt, die völlig gesund zu sein scheint und von sich behauptet, unschuldig zu sein, gleichzeitig aber kriminelles Verhalten an den Tag legt.

Dieser Fall weist sämtliche Elemente einer Sucht auf: Drogen, Leugnen, Paranoia, Gier und Kriminalität.

Sucht bewegt sich fast immer im Grenzbereich zwischen Kriminalität und Krankheit, Aufrichtigkeit und Unaufrichtigkeit, Ehrlichkeit und Lüge, Glück und Schmerz. Rosenfeld unterstellte, dass Caroline selbst ihre Handlungen zum Teil gar nicht bewusst registrierte; er glaubte ihre Version der Ereignisse. Aber wie kann man irgendjemandes Geschichte glauben? Jede Geschichte, meine eigene eingeschlossen, ist eine Inszenierung dessen, was wir uns als Wahrheit wünschen, die redigierte Version unseres Selbst.

Ich denke an Madame Bovarys fiebrige Gespräche mit Léon, ihrem Geliebten: über den Tod, über Krankheit und Schmerz und wie sehr sie sich beide nach »der Ruhe des Grabes« sehnen. Emma und Léon, so schrieb Flaubert, entwarfen füreinander »… ein Ideal, dem sie ihr vergangenes Leben jetzt anpassten. Ist doch die Rede ein Walzwerk, das die Gefühle streckt.«

Ist doch die Rede ein Walzwerk, das die Gefühle streckt.

Die psychoanalytische Theorie postuliert, dass Söhne insgeheim den Wunsch in sich tragen, ihren Vater zu töten (real oder symbolisch). In der Populärkultur wird diese Theorie auf den Kopf gestellt: Erfolgreiche Väter verdammen angeblich ihre Söhne dazu, Versager zu werden. »Im Schatten der Größe ruht Gott sich aus«, so lautet der grausame Scherz. Es ist ein ziemlich harsches Denkmodell, so oder so.

Väter und Söhne. Man denke an Hamlet, ständig in

psychischer Bewegung, mit einer Neigung zur Schauspielerei, zu Doppeldeutigkeiten und gemischten Botschaften. Das Stück handelt von einem Generationskonflikt, von Überwachung der Jugend, von Ambivalenz in Bezug auf Schuldhaftigkeit. Außerdem von Selbstmord und davon, was es heißt, den Verstand zu verlieren. Wir kennen all diese Themen. Sie sind heute so aktuell wie damals.

Freud, der Text und Leben gern verschmolz, analysierte Hamlets Ambivalenz als eine versteckte Identifikation mit dem Mörder seines Vaters. Hamlets unterdrückter Wunsch, den Vater umzubringen, ist in die Tat umgesetzt worden.

> Der Abscheu, der ihn zur Rache drängen sollte, ersetzt sich so bei ihm durch Selbstvorwürfe, durch Gewissensskrupel, die ihm vorhalten, dass er, wörtlich verstanden, selbst nicht besser sei als der von ihm zu strafende Sünder.

Der französische Psychoanalytiker Nicolas Abraham schrieb eine Art Fortsetzung von Shakespeares Stück, *Le fantôme d'Hamlet ou Le sixième acte précédé par l'entr' acte de la vérité*. Es geht um das Rätsel, das den Geist umweht – Abraham sah in dem Stück ein komplexes, verborgenes politisches Drama, das Hamlet, unbewusst motiviert von seinem Respekt und Pflichtbewusstsein als Sohn, nicht wahrhaben wollte.

Aber was, wenn Shakespeare gar nicht beabsichtigte,

dass wir an den Trick mit dem Geist glauben? Was, wenn Hamlets Onkel und Mutter überhaupt nicht konspiriert haben, um den Vater zu töten? Wenn man von ihrer Unschuld ausgeht und das Stück noch einmal liest, fällt einem auf, wie Hamlet mit seinen Wahnvorstellungen verheerenden Schaden anrichtet.

Oder man denke an Thomas Vinterbergs *Das Fest (Festen)*, diesen Film über Reichtum, Macht und Missbrauch. Jemand erzählte die Geschichte in einer Radiosendung, bei der Hörer anrufen konnten, und Vinterberg ging davon aus, dass das, was dieser Hörer erzählte, der Wahrheit entsprach. Aber wie sich herausstellte, stimmte die Geschichte gar nicht. Der Anrufer hatte sie erfunden. Im wirklichen Leben war der Vater unschuldig. Der Vater im Film – konservativ, rassistisch, gewalttätig – ist ein Phantasiegebilde. Wir kennen den Typ. Aber wenn man *Das Fest* sieht und weiß, dass der Vater unschuldig ist, dann zeigt das Drehbuch einen verzweifelten Sohn, der eine Familie zerstört.

Die meisten Menschen glauben, dass psychischer Schmerz einen Grund haben muss, der diesem Schmerz proportional entspricht. Aber vielleicht ist das gar nicht so – die Psyche ist nicht unbedingt so fein austariert, was Ursache und Wirkung betrifft. Trotzdem gibt es hinter jeder Sucht, hinter allen Zwängen ein weites Hinterland der Qualen. Schon allein deswegen, weil man so viel verheimlichen muss, wie dies fast alle Süchtigen tun. Das bedeutet, man befürchtet ständig, dass man ertappt wird oder dass jemand eingreift. Die Heimlichtuerei und die Angst vor den Konsequenzen sind allerdings nur ein Teil des Ganzen. Dass die Betroffenen leiden, davon kann man ausgehen, auch wenn man das spezifische Narrativ, das um dieses Leiden herumgesponnen wird, nicht unbedingt glauben darf. Nur der Subtext stimmt, also das, was nicht ausgesprochen wird, die Verzweiflung, die so offensichtlich ist, auch wenn sie von den Süchtigen geleugnet wird und manchmal sogar von den Menschen in ihrem Umfeld, die aufgrund ihrer eigenen psychischen Mechanismen nichts wahrnehmen und tendenziell die Sucht ermöglichen und insgeheim unterstützen.

Die Tendenz, bei Sucht den Blick abzuwenden, ist weitverbreitet. Genauso wie die Tendenz, das Thema anzusprechen und es dann schnell wieder wegzuschieben, es zu diagnostizieren und die Diagnose wieder zurückzunehmen. Sucht ist eine heikle Sache. Selbst das *DSM-5* verkrampft sich dabei schon sprachlich:

> Man beachte, dass der Begriff Sucht in dieser Klassifizierung nicht als diagnostischer Terminus verwendet wird, obwohl er in vielen Ländern gebraucht wird, um schwerwiegende Probleme zu beschreiben, die mit zwanghaftem und habituellem Gebrauch von Substanzen zusammenhängen. Das neutralere Wort Substanzgebrauchsstörung wird verwendet für die Beschreibung einer breiten Skala von Problemen, angefangen mit einer milden Form bis hin zu einem

bedenklichen Zustand, gekennzeichnet durch zwanghafte Drogeneinnahme mit chronischen Rückfällen. Manche Kliniker werden das Wort Sucht verwenden, um extremere Erscheinungsformen zu beschreiben, doch das Wort wird in der offiziellen diagnostischen Terminologie des *DSM-5* für Substanzgebrauchsstörung nicht verwendet, da es nicht eindeutig definiert ist und potentiell negative Konnotationen aufweist.

Potentiell negative Konnotationen. Da kann ich nur mit bitterer Ironie reagieren.

*

Joan Didions Roman *Spiel dein Spiel (Play It as It Lays)* beschreibt den Zusammenbruch einer Hollywood-Schauspielerin namens Maria Wyeth, Anfang der sechziger Jahre. Maria fängt an, zwanghaft die Freeways rauf- und runterzufahren:

»Die San Diego Freeway zur Harbor Freeway, Harbor zur Hollywood Freeway, Hollywood zur Golden State Freeway, zur Santa Monica, zur Santa Ana, zur Pasadena, zur Ventura Freeway.«

Sie stand dann auf dem heißen Pflaster, trank ihre Cola aus der Flasche und stellte diese wieder zurück in den Ständer (sie bemühte sich immer, den Tankwart merken zu lassen, dass sie die Flasche in den Ständer zurückstellte, ein Beweis für Rücksicht und

Verantwortungsgefühl, keine Sardinendosen in ihrem Ausguss), und dann ging sie bis an den Rand des Asphalts und blieb dort stehen, während die Sonne ihr den feuchten Rücken trocknete.

Maria Wyeth inszeniert für sich eine Geschichte, in der sie nicht allein ist, in der in der Spüle keine leeren Sardinendosen liegen und sie keinen Nervenzusammenbruch hatte. Sie schläft nicht im Haus, sondern draußen am Swimmingpool, auf einer alten Rattanliege, und benutzt Badehandtücher als Decke, um zu unterstreichen, dass diese Liege nur vorübergehend zum Schlafen dient. Sie will die Abwärtsspirale zu den leeren Dosen und Flaschen aufhalten, weil sie Angst hat, sie könnte zu dem Punkt kommen, von dem es kein Zurück mehr gibt. Sie redet sich ein, dass sie nur so lange draußen schläft, bis die Hitze nachlässt und die Waldbrände in den Bergen gelöscht sind – und weil es sie stört, dass die Palmzweige an den Fliegengitterfenstern kratzen.

Wir reden uns selbst Tag für Tag solche Geschichten ein. Wir erzählen unsere Geschichte den anderen. Wenn niemand zuhört, erzählen wir sie uns selbst, sozusagen ins Leere. Oder wir erzählen sie dem Internet. Aber noch mehr als die meisten anderen Menschen schaffen Süchtige Erzählungen voller Vorwürfe und Abwehr (und wir befinden uns alle irgendwo auf der Suchtskala). Süchtige bestreiten, dass Drogen ein Problem sind, und für die unbestreitbaren Probleme in ihrem Leben machen sie andere verantwortlich. Darin liegt das Paradoxon:

Die erzählte Geschichte basiert auf Leugnung, während die Wirklichkeit – das Leben mit der Sucht – eindeutig und unleugbar grauenvoll ist.

Süchtige leben in einer Drogenblase. Sie sind betäubt durch die Drogen, und anders als Joan Didions Maria Wyeth merken sie nicht viel; Verwahrlosung schleicht sich ein. Aber ich verstehe den Widerspruch trotzdem nicht so ganz: Versuchen Süchtige unbewusst, die Aufmerksamkeit auf einen emotionalen Zustand zu lenken, den sie nicht in Worte fassen können? Geht Sucht einher mit der Unfähigkeit, sich zu artikulieren, so dass die Betroffenen, statt über einen gestörten Gefühlszustand zu sprechen – *es geht mir so schlecht, ich bin so traurig, ich habe die Hoffnung aufgegeben* –, diesen lieber wortlos darstellen, ihn aber gleichzeitig leugnen?

Maria Wyeth versuchte, sich normal zu verhalten. Was, wenn Süchtige unbewusst eine tiefe emotionale Störung oder Bedürftigkeit zeigen, während sie diese im gleichen Moment abstreiten? Ein dunkles, wahrhaftiges Es, gekidnappt von einem hellen, oberflächlichen Über-Ich?

Eva vor dem Spiegel, sie pudert die Haut am Schlüsselbein, über ihrem Schrittmacher, macht eine flapsige Bemerkung. Das flache Viereck unter der lebendigen Haut, das dafür sorgt, dass ihr Herz weiterschlägt.

Das Es, gekidnappt vom Über-Ich. Immer wieder lande ich beim Bild des Kidnappings. Geiseln, Gefangene. Sucht ist eine Familienkrankheit, sagt man. Ein sich endlos drehendes Karussell aus Aufpassern und Geiseln, wobei die Süchtigen und die Angehörigen immer wieder die Rollen tauschen.

*

Ich denke wieder an das Bild in der Tate Britain, *Die Anbetung des Bacchus* von George Cruikshank. »Geopfert auf dem Altar des Bacchus, Vater, Mutter, Schwester, Bruder, Ehefrau, Kinder, Besitz, Freunde, Körper und Geist.«

Haben wir aus den Augen verloren, dass es bei diesem Opfervorgang irgendwo eine bewusste Willensentscheidung gibt oder zumindest eine Willensschwäche, einen Mangel an Willen, wie von Walter Mischel beschrieben? Süchtige auf dem Weg der Besserung wissen: Es gibt viele Abzweigungen, ehe man an den Punkt gelangt, von dem es kein Zurück mehr gibt. Die Stärke der Zwölf-Punkte-Programme liegt darin, dass sie diese moralische Reise betonen, sie aber konsequent freihalten von moralisierenden oder verurteilenden Zurechtweisungen. Das Krankheitsmodell umgeht die Frage der Schuld, ignoriert das heikle Thema der Kausalität, denn speziell durch die »Kausalität« werden Süchtige so oft dazu verleitet, zu spekulieren und sich selbst zu bemitleiden, sie machen anderen Vorwürfe und streiten alles ab. Echte Gesundung ist ein höchst ethischer Vorgang, bei dem man durch solidarischen Beistand seine Würde und sein Selbstwertgefühl wiederfindet. Ohne diese Faktoren kann es zwar passieren, dass jemand aufhört zu trinken oder Drogen zu nehmen, aber es ist keine wirkliche Genesung.

Ich klinge so moralistisch, so streng – so stolz auf die ordentlichen Gartenzäune, die Geranien auf dem Fenstersims.

Der erhobene Zeigefinger. Immer und immer wieder.

Aber ich weiß nicht, wie ich anders darüber reden könnte.

Wie schreibt man über Sucht? Wie trennt man Sucht von Rebellion, von gesellschaftlichem Protest? Wer Drogen nimmt, markiert den Körper. »She's leaving home«, heißt es in einem Song der Beatles. Es beginnt als Abenteuer, dann fängt man an zu lügen und zu stehlen – man muss es tun, um über die Runden zu kommen. Narben am Körper. Narben auf der Seele. Man ist noch nicht süchtig – oder vielleicht doch. Wie viele Menschen, die Drogen nehmen, werden süchtig?

Wir sind gefangen in der Sprache und in der Tradition: die Geschichte des Protests, die Geschichte der Drogen. In den siebziger Jahren dachten die Aussteiger auf den Straßen von San Francisco, sie sind frei, aber dann kamen harte Drogen, sexueller Missbrauch, HIV. Manche endeten mit grauen Zähnen und vernarbten Armen in den schäbigen Zimmern des Ambassador Hotels: alles, wovor ihre Eltern, diese imaginären schimpfenden, tyrannischen Gestalten, sie schon immer gewarnt hatten.

Sie waren nicht frei, diese Aussteiger – oder?
Vielleicht doch, eine Weile.

*

Evas Großmutter wohnte in der Upper East Side von Manhattan. Ich habe mir auch Eva immer dort vorgestellt, in ihren Chanelkostümen und den High Heels, ein bisschen schlampig, aber immer glamourös, eine Spur von chronischer Anorexie und zu vielen verschreibungspflichtigen Tabletten, Shopping in der Madison Avenue, Weißwein zum Mittagessen, Klatsch und gelegentlich ein paar Schecks für ausgewählte gute Zwecke.

So hätte es sein können.

Ich liege auf meiner Fensterbank und schaue in die Bäume, sehe die Flugzeuge, die von Heathrow kommend den Himmel überqueren und der Zeit einen Rhythmus geben, eins nach dem anderen, eins nach dem anderen.

Warum konnte es nicht so sein?

In dem schrecklichen Jahr ging mir immer ein Song durch den Kopf: »The Carnival Is Over«. Der Karneval, der Rummel, der Spaß ist vorbei. Ich kannte den Song nicht richtig, summte aber die ganze Zeit die Melodie vor mich hin. Aus solchen Details setzt sich unser Es zusammen. Das ist faszinierend – und enttäuschend zugleich.

Zwei Jahre später recherchierte ich endlich den Song – die Seekers haben ihn 1965 gesungen. Bei der Videoaufnahme von 1967 wirken sie manieriert und ironisch: Sie stehen auf einer futuristischen Bühne, und am Schluss steigen sie in ein silberweißes Flugzeug. Sie singen tonsicher und klar.

Der Song ist so kitschig. Aber mir kommen die Tränen, wenn ich ihn höre.

Say goodbye, my own true lover
As we sing a lover's song
How it breaks my heart to leave you
Now the carnival is gone

High above, the dawn is waking
And my tears are falling rain
For the carnival is over
We may never meet again

Aber der Karneval ist nicht wirklich vorbei. Er kann jederzeit wieder beginnen – Tiere in Käfigen, Achterbahn, Zuckerwatte und Musik, Gekreische und Lichter und Dunkelheit, Unschuld und Schuld, der genetische Strang, der sich durch uns hindurchzieht, durch die Generationen.

Ich beobachte mich selbst. Ich beobachte meinen Sohn. Ich beobachte meine Nichten und Neffen. Ich halte Ausschau nach Zeichen, nach Hinweisen. Sie wissen das.

Und vielleicht verzerren gerade diese beobachtenden Blicke das Objekt der Beobachtung. Ich bin auf der Suche nach Suchtsignalen und weiß doch gleichzeitig ganz genau, dass die Mehrzahl der Menschen, wenn sie unter Druck gesetzt werden, sich ihrer Diagnose anpassen. Nur wenige Personen mit einer psychiatrischen Diagnose werden katatonisch und erstarren; die allermeisten sind beeinflussbar, und es ist sogar egal, ob sie unter Druck sind oder nicht.

Ginge es uns besser, wenn wir dächten, dass uns so etwas nie wieder passieren kann? Schaffen wir ein Familiensuchtmodell, erwarten wir Dysfunktion?

Fragen über Fragen. Es ist das Schicksal von Angehörigen leidender Menschen, dass sie sich immer überlegen müssen: Was hast du getan – und was hast du nicht getan.

12

Im Herbst 2012 schrieb ich an Hans im Krankenhaus und schilderte ihm einen Traum. Besucht hatte ich ihn noch nicht – er war noch nicht so weit, dass er uns sehen konnte. Ich hatte geträumt, er sei zum Entzug in einem Hotel. Dort besuchte ich ihn. Es war das erste Mal seit 2008, dass ich ihn sah. Genauso, wie es im wirklichen Leben gewesen wäre. Hans wohnte in einer Suite, die allerdings nicht besonders geräumig war. Der Begriff »junior suite« kam mir in den Sinn. Hinten in dem kleinen Wohnzimmer stand ein schwarzes Ledersofa, und auf diesem Sofa hatte eine Frau sich ausgebreitet. Ich wusste: Sie ist die Psychiaterin. Eine Traumgestalt. Mit dem Rücken zu mir lag sie da, die Füße in Strümpfen hatte sie hochgelegt, ihre High Heels standen auf dem Teppich. Und da war noch jemand im Raum – ein Anwalt oder ein Berater.

Im Zimmer herrschte ein schreckliches Durcheinander, alles lag kreuz und quer. Hans begrüßte mich, allerdings nicht besonders herzlich. Dann bereitete er eine Schokomilch zu, mit Kakaopulver, ziemlich chaotisch.

Der Traum endete mit einem Flugzeug, das nur mühsam abhob. An Bord waren zu viele Menschen, unter ihnen ein kleines Mädchen, das offenbar keine Eltern hatte.

All die Personen, denen man eigentlich vertrauen müsste, erweckten bei mir Misstrauen – die Psychiaterin mit ihren hohen Absätzen, wie sie sich da auf dem Sofa fläzte, der Anwalt. Und dann das Kakaopulver und das Kind – das Heroin und der Süchtige. Ich hatte den Glauben an unsere Helfer verloren, und wie ein bindungsunfähiges Kind behielt ich meine Meinung für mich.

*

Ein halbes Jahr später gehe ich mit meinem jüngsten Neffen, damals zwölf, zu meinen Eltern zum Mittagessen.

Er hat keine rechte Lust, kommt dann aber doch mit, weil ich ihm verspreche, er darf mit seinem Gocart unsere Zufahrt hinauffahren und dann die längere Zufahrt bei meinen Eltern hinunter. »Wer Gocart fährt, kann im Grunde schon Auto fahren«, sage ich aufmunternd, bevor wir uns auf den Weg machen. Er ist noch nie damit gefahren, schafft es aber ohne Schwierigkeiten. Er nimmt seine Schleuder mit, um sie meinem Vater zu zeigen.

Mein Neffe interessiert sich für Physik, und beim Essen reden wir über die Entstehung des Universums, über den Urknall und über Einstein und Schrödingers Katze. Mein Vater hört nicht, was der Junge sagt, und ich wiederhole jedes Wort so laut und deutlich, wie ich nur kann. Mein Vater hat blutige Lippen, von einer Behandlung präkanzeröser Zellen; er wirkt gebrechlich.

Nach dem Essen gehen wir hinaus ins Freie und schauen zu, wie mein Neffe mit der Schleuder schießt. »Ziel mal auf das Mädchen!«, sagt mein Vater grinsend und zeigt auf eine Bronzestatue, eine nackte junge Frau, die ihre Hand ins Brunnenwasser hält. Mein Neffe schießt – und trifft daneben. »Unbewusst möchte er das Mädchen schützen«, sage ich, um die plötzlich entstandene Stille zu durchbrechen. Mein Vater stützt sich auf meinen Arm. So groß, nicht ganz trittsicher, fast neunzig. Ich empfinde eine tiefe Zuneigung zu ihm, eine Art Sehnsucht, dabei ist er doch ganz nah bei mir, seine breite, trockene Hand auf meinem Arm.

*

In den Monaten nach Evas Tod ging ich in Gedanken immer wieder die Abfolge der Ereignisse durch. Ich wollte ganz genau wissen, was passiert war. Anfangs kannten wir so gut wie keine Fakten, aber alle unsere Vermutungen sollten sich als wahr herausstellen. Eigentlich war es eine ganz simple Sache: Eva war an Herzversagen gestorben, genau wie sie selbst es so oft vorhergesagt hatte.

Bei der gerichtlichen Untersuchung, die im Dezember 2012 stattfand, erfuhren wir mehr. Zum Beispiel, dass Eva durch den Fingerabdruck ihres linken Daumens und die Seriennummer ihres Schrittmachers identifiziert worden war. Der Schrittmacher war auf 65 Herzschläge pro Minute eingestellt. Am 1. Dezember 2011 registrierte er über einen Zeitraum von fünf Sekunden 334 Schläge pro Minute. Am 4. Januar 2012 registrierte er vier Episoden mit zwischen 233 und 366 Schlägen pro Minute. Am 7. Mai waren es neun Episoden mit zwischen 180 und 384 Schlägen pro Minute.

Ich kontrolliere meinen Puls. Sechsundsechzig Schläge pro Minute. Ich dividiere 334, den Herzschlag pro Minute während der Fünf-Sekunden-Episode im Dezember 2011, durch sechzig und multipliziere diese Zahl dann mit fünf. Ergebnis: 27,83. Ich versuche, innerhalb von fünf Sekunden siebenundzwanzigmal auf meinen Arm zu klopfen, schaffe es aber nicht. Ich fange an zu zählen, weil ich sehen will, ob ich in fünf Sekunden bis siebenundzwanzig komme, aber es geht nicht. Achtzehn oder neunzehn ist das meiste, was ich schaffe, wenn ich so schnell zähle, wie ich nur kann. Wie kann ein Herz so rasend schnell schlagen?

Jede Episode bedeutet vermutlich das Inhalieren von Crack oder Kokain.

Am 7. Mai um 7.23 Uhr wurde Evas Herzschlag chaotisch. Höchstwahrscheinlich war das der Zeitpunkt ihres Todes.

Der Schrittmacher machte weiter, wie Schrittmacher das so an sich haben.

*

Zwei Monate später, am 9. Juli 2012, einem Montag, wurde sie gefunden, nachdem ein Polizist Hans angehalten hatte, weil er in Schlangenlinien über die Wandsworth Bridge fuhr. Im Wagen fand man eine Crackpfeife (eine warme Crackpfeife, teilte man uns mit) und einen Beutel mit Briefen, alle an Eva adressiert. Außerdem Heroin und Cannabis. Auf die Frage, ob er wisse, wo Eva sich aufhält, antwortete Hans, mit Tränen in den Augen, sie sei in Kalifornien.

Der Polizist, der bei der gerichtlichen Untersuchung aussagte, erklärte, Hans habe einen »derangierten« und »abwesenden« Eindruck gemacht. Er hatte den Verdacht, dass Drogen im Spiel sein könnten, und auch die an Eva adressierten Briefe irritierten ihn. Ging es hier um eine vermisste Person? Er veranlasste eine Hausdurchsuchung nach Section 18.

Section 18 ist der Teil des *Police and Criminal Evidence Act* von 1984, nach dem die Polizei im Fall einer Festnahme den Wohnbereich des Betroffenen betreten und durchsuchen darf. Ein Beamter, der eine solche Durchsuchung autorisiert (oder darüber informiert wird), muss zwei Dinge schriftlich festhalten: die Begründung für die Durchsuchung und die Art des gesuchten Beweismaterials. Ein Drogenverdacht gibt der Polizei augenblicklich eine juristische Rechtfertigung für eine Hausdurchsuchung. In diesem Fall – und zweifellos in zahlreichen anderen.

Also betrat die Polizei an diesem Julitag das Haus von Hans und Eva. Die Beamten wurden vom Personal in den ersten Stock geführt. Sie registrierten, dass das Haus in makellosem Zustand war, und wollten wissen, wo Mr Rausing schlafe. Die Haushälterin machte einen Telefonanruf, bevor sie antwortete. Es war sonnenklar, dass die Bediensteten keinen Zutritt zum Schlafzimmer hatten. Die Polizisten fuhren mit dem Fahrstuhl in den zweiten Stock.

Sie bemerkten Verwesungsgeruch.

Sie gingen in das Schlafzimmer. Es habe ausgesehen »wie in einem besetzten Haus«, sagte der Polizist vor Gericht, alles »völlig durcheinander«. Auf dem Bett lag eine blaue Plane, und darauf stapelten sich mehrere Flachbildschirme. Es gab eine zweite Tür, die mit Klebeband abgedichtet war, und die Polizisten befürchteten, jemand könnte dort eingesperrt sein. Sie schoben die Möbel beiseite, entfernten das Klebeband, entdeckten aber im Nebenzimmer nichts Erwähnenswertes.

Sie räumten die Bildschirme sowie mehrere Schubladen vom Bett und entfernten die Plane. Darunter kamen Wolldecken, Federbetten und verschiedene Kleidungsstücke zum Vorschein – alles mit einem weißen Pulver bedeckt, vielleicht eine Art Deopuder. Nachdem sie schließlich eine Schicht nach der anderen abgetragen hatten, sahen sie blonde Haare.

*

Hans' Anwälte verfassten einen Schriftsatz für die gerichtliche Untersuchung. Ihr Statement schien das Ziel zu verfolgen, die Drogensucht von Hans und Eva herunterzuspielen, als würde dadurch Evas Tod und die Tatsache, dass Hans Evas Leiche versteckt hatte – das Vergehen, dessen er bezichtigt wurde –, weniger schwerwiegend. Aber sowohl Evas Tod als auch das Verstecken ihrer Leiche werden ja nur verständlich im Zusammenhang mit der extremen, suchtbedingten Dysfunktion. Hans konnte nur so handeln, wie er gehandelt hat, weil er dermaßen suchtbelastet war.

Der Schriftsatz fasste das Anfangsstadium seiner Sucht in einem Satz zusammen. Er sei in einer Entzugsklinik gewesen und habe seine Krankheit »überwunden«. Dann folgte: Eva und Hans heirateten 1992, bekamen vier Kinder und hatten eine enge Beziehung. An Silvester 1999 trank Eva Champagner, und Hans begann (daraufhin) ebenfalls zu trinken. Sie tranken, sie rauchten Marihuana, aber sie »hatten alles unter Kontrolle«. 2007 wurde beantragt, die Kinder unter Amtsvormundschaft zu stellen, und diesem Antrag wurde stattgegeben (was in dem Statement nicht näher erläutert wurde).

Von da an, so schrieben die Anwälte, nahmen Hans und Eva immer mehr Drogen, darunter auch Morphin, völlig korrekt von Ärzten verschrieben.

Im August 2006 hatte sich Eva Rausing einer Operation unterzogen, weil eine Herzklappe ersetzt werden musste, fuhr der Schriftsatz fort. Bei diesem Eingriff wurde ihr Herz beschädigt, und es musste ein Schrittmacher eingesetzt werden.

Im April 2012 begab Eva sich in eine Rehaklinik in Malibu. Von dort kam sie früher als erwartet nach Hause: Allem Anschein nach war sie aufgefordert worden, die Klinik zu verlassen, da man bei ihr Valium gefunden hatte. Mr Rausing war bestürzt, weil die Behandlung keinen Erfolg gehabt hatte.

Anschließend kam der Schriftsatz auf die Ereignisse des 7. Mai zu sprechen: Hans war gerade dabei, sich zu rasieren, als er hörte, dass Eva aus dem Bett rutschte. Er drehte sich um und sah sie neben dem Bett auf dem Fußboden sitzen. Sie atmete deutlich hörbar aus und wurde dann ganz still. Er versuchte, sie hochzuziehen, und rief ihren Namen. Sie atmete nicht mehr, und er wusste: Sie ist tot.

Er deckte sie zu, stand in dem Statement, weil er ihren Tod nicht wahrhaben wollte. Er versuchte, so weiterzumachen, als wäre nichts geschehen; er brachte es nicht über sich, ihre Eltern oder die Kinder zu informieren.

Als das Statement verfasst wurde, wusste Hans nicht, an welchem Tag Eva gestorben war und wie lang sie dort gelegen hatte.

*

Dr. Nathaniel Carey war der Pathologe, der die Postmortem-Untersuchung der Leiche vornahm. Vor Gericht erklärte er, der Schrittmacher sei hilfreich gewesen, um den genauen Zeitpunkt des Todes festzustellen. Allerdings konnte er nicht mit Sicherheit sagen, ob die

Uhrzeit auf dem Schrittmacher British Summertime oder Greenwich Mean Time (GMT) war. Die zuständige Rechtsmedizinerin meinte, es genüge, das Todesdatum festzustellen, und Dr. Carey bestätigte, dass nach der explosiven Serie von Herzschlägen, die niemand überleben konnte, der Rhythmus des Schrittmachers dem Nicht-mehr-Funktionieren des Herzens entsprochen habe.

Dr. Carey, so finde ich heraus, ist einer der angesehensten Pathologen in Großbritannien. Er wurde bei sehr wichtigen Fällen hinzugezogen: bei den beiden ermordeten Schülerinnen in Soham, den Prostituierten-Serienmorden in Ipswich, dem Tod des ehemaligen russischen Geheimagenten Alexander Litwinenko, der in London mit Polonium vergiftet worden war.

Die Rechtsmedizinerin befragte Dr. Carey zu der Post-mortem-Untersuchung. Die Leiche sei schon extrem verwest gewesen, berichtete der Arzt, was die Begutachtung stark eingeschränkt habe, aber es habe keine sichtbaren Verletzungen gegeben und keine Hinweise auf eine natürliche Erkrankung. Hingegen war klar festzustellen, dass die Verstorbene eine Herzoperation gehabt hatte. Die Trikuspidalklappe war ersetzt worden und funktionierte einwandfrei. Er fügte hinzu, dass eine Erkrankung der rechten Herzseite häufig in Zusammenhang stehe mit intravenösem Drogenmissbrauch. Eine abschließende Bewertung des Herzens sei zwar nicht möglich gewesen, doch die Vernarbung der Herzmuskulatur entspreche einem Langzeitgebrauch von Kokain.

Dr. Carey fügte noch ergänzend hinzu, in der Unfallstation oder in der Notaufnahme im Krankenhaus komme es sehr häufig vor, dass Patienten über Schmerzen in der Brust und über Herzrhythmusstörungen klagten – als eine Folge von Drogenmissbrauch.

Die toxikologische Untersuchung von Wadenmuskel und Leber ergab, dass Eva zum Zeitpunkt ihres Todes unter Drogeneinfluss stand, und zwar hatte sie Kokain genommen. Dr. Carey glaubte, man könne mit Sicherheit annehmen, dass es die Kokainvergiftung war, welche die Störung des Herzrhythmus ausgelöst hatte. Ein Schrittmacher könne, anders als ein implantierter Defibrillator, Rhythmusveränderungen nicht verhindern.

Nach Abwägung aller Umstände, sagte er abschließend, komme man zu dem Ergebnis, dass die erstrangige Todesursache eine Kokainvergiftung gewesen sei, die bei dem ohnehin schon kranken und geschwächten Herzen eine tödliche Arhythmie auslöste.

Die Rechtsmedizinerin folgte Dr. Carey, der einen gewalttätigen Tod ausschließen konnte und keinerlei Verdachtsmomente solcher Art feststellte. Die Anklage lautete deshalb nur, Hans habe verhindert, dass Eva ordnungsgemäß bestattet wurde. Nach Abwägung aller Umstände benannte die Rechtsmedizinerin als Evas Todestag den 7. Mai 2012. In der Leiche konnten eindeutige Spuren von Kokain festgestellt werden, und die Alufolie sowie die Stahlwolle, die man in den Händen der Verstorbenen gefunden hatte, würden ebenfalls eine kürzliche Inhalation von Kokain indizieren.

Die Rechtsmedizinerin erklärte abschließend, dass Eva an den Folgen des Kokainmissbrauchs gestorben sei. Die Schädigung der Trikuspidalklappe und die Tatsache, dass diese ersetzt worden war, seien mitwirkende Faktoren gewesen.

Schließlich sprach sie der Familie ihr Beileid aus für den Verlust ihrer 48-jährigen Mutter, Ehefrau, Tochter und Schwester.

*

Sinn und Zweck offizieller Gutachten besteht darin, dass man sich wieder sicher fühlen soll. Die Autorität ist wiederhergestellt. Der Rechtsmediziner nimmt die Beweislage, geht die Fakten durch und schreibt einen Schlussbericht, basierend auf medizinischen und juristischen Erkenntnissen. Die ganze Untersuchung vertrat die Seite von Sinn und Verstand, und wer sehr lange mit Dysfunktion und Sucht leben musste, den erfüllen »Sinn und Verstand« mit Hoffnung, so wie ein Tribunal oder eine Wahrheitskommission nach Zeiten politischer Repression. Die Autorität des Rechtswegs sorgt für Ruhe und für Ordnung – die Tatsachen mögen schockierend sein, doch das solide juristische Narrativ hält sie in Schach und macht sie ungefährlich. Vielleicht war dies das Gutachten, nach dem ich immer gesucht hatte, der Bericht, der im Familienarchiv abgeheftet werden konnte.

Doch letzten Endes genügte die Autorität der gerichtlichen Untersuchung nicht. Mein Wissensdurst war zu überwältigend, und die Geschichte wurde notgedrungen simplifiziert. Das Rätsel war nicht gelöst. Zum Beispiel war da ein Aspekt, den die Rechtsmedizinerin gar nicht ausgeführt hatte: Die Alufolie und die Stahlwolle in Evas Händen verweisen auf Crack-Kokain, nicht Kokainpulver.

Crack ist Kokain vermischt mit Wasser und Natron, geformt zu rosaroten oder braunen Brocken, die man rauchen kann. Ich lese im Internet, dass man diese Brocken auf Alufolie legt, anzündet und dann inhaliert. Oder man kann eine Glaspfeife nehmen, mit Stahlwolle als Filter. Der Effekt ist schneller und intensiver als bei Kokainpulver. Das High wird begleitet von stark beschleunigtem Herzschlag und ist lebensgefährlich – es besteht akute Gefahr, dass man an einem Herzinfarkt stirbt oder an einem Schlaganfall. Auf das High folgen Depression und Gereiztheit. Paranoia, Wut, Aggressivität und Angstzustände sind häufige und langanhaltende Nebenwirkungen, außerdem gravierender Zahnverfall; Beschädigung von Blutgefäßen, von Leber, Nieren und Lunge; Unterernährung; Verwirrtheit und psychotische Zustände.

*

Die Innenwelt eines Körpers.

Ein Körper, dessen Inneres nach außen gekehrt wird.

Ein Fingerabdruck.

Ein Herzschrittmacher, der seinen gleichmäßigen Rhythmus beibehält.

Ein Leben, zu Ende.

13

Im Februar 2016 brachten die *Channel 4 News* einen Sonderbericht aus Mombasa. Die Stadt wird überschwemmt von Heroin, sagt der Reporter, sie ist inzwischen der zentrale Umschlagplatz auf der Schmuggelstrecke von Afghanistan und Pakistan. Der Bericht beginnt mit einer Warnung: Es werden verstörende Bilder von Drogenkonsum und Injektionen gezeigt.

Heutzutage gibt es immer wieder solche Warnungen in den Nachrichten. Wir sehen entsetzliche Aufnahmen von Krieg und Terrorismus, und trotzdem fügen die Journalisten oft noch hinzu, dass sie Material haben, welches sie nicht zeigen können, weil die Zuschauer das Ausmaß menschlichen Elends nicht ertragen würden. In diesem Bericht nun geht es nicht um Krieg, und doch wird eine Welt am Abgrund gezeigt – die Welt der Sucht. Die Touristen haben Mombasa abgeschrieben, aus Angst vor Terror. Drei von vier jungen Menschen sind arbeitslos. Sucht ist das neue »normal«, sagt der Reporter. Er redet über die wirkungslosen Kontrollen an der Seegrenze, über Korruption, über Drogen, die durch Mombasa geschleust werden, aber für Europa bestimmt sind. Ein Teil des Heroins bleibt zurück und »stürzt eine ganze Generation ins Unglück«. Angeblich ist die gesamte Stadt »übersät mit Heroinsüchtigen«.

Das Filmteam begibt sich in eine Drogenhöhle. Wieder dieses Wort. Was für ein Ort ist das, ein Zimmer, ein Schuppen? Die Süchtigen sitzen auf dem nackten Zementfußboden. Da ist ein Mann, den die anderen »Doktor« nennen; ihm fehlen mehrere Zähne. Sein Blick ist langsam. Die Männer spritzen sich in Beine und Hände. Die Kamera geht auf die Einstichstelle der Nadel, das Bild wird undeutlich gemacht, ein grauer digitaler Ballon schwebt über der Haut. Ein Mann schaut hoch, träge, die Augen trüb vom Heroin.

Die Männer sitzen dicht beieinander. Wenn jemand Schwierigkeiten hat, eine Vene zu finden, hilft ihm der »Doktor«, er tastet nach einer Vene, setzt dann behutsam den Schuss.

Wir lernen Mohammed kennen. Er nimmt seit zwanzig Jahren Drogen. Mit fünfzehn hat er angefangen. Der Reporter fragt ihn nach Todesfällen. Vier haben sich vergangenes Jahr ins Jenseits verabschiedet, antwortet Mohammed. Er selbst habe allerdings einen Schutzgeist; er könne nicht sterben.

Er schimpft auf die Behörden. Die sind nicht hinter den großen Fischen her, sondern belästigen lieber die Süchtigen, stehlen ihnen den Stoff und verticken ihn auf der Straße.

Dann nimmt Mohammed uns mit zu seiner Mutter Roshana. Sie sitzt auf einem alten Sofa, in einem Zimmer, das ebenfalls einen rissigen Zementfußboden hat.

Ihr Name fällt Mohammed nicht ein. »Meine Mum – Regina«, murmelt er und setzt sich neben sie. Sie korrigiert ihn. »Roshana«, wiederholt er und nickt.

Sie holen ein Familienalbum hervor. Roshana hat vier Kinder an die Drogen verloren. Ihr Sohn Ibrahim war süchtig und starb, während er sich zudröhnte, »durch die Nase und mit Spritzen«, sagt sie. »Alle meine Kinder haben sie mir weggenommen, die Drogen.« Sie beginnt zu weinen. Sofort erscheinen zwei Arme im Bild, um sie zu trösten, der eine Arm gehört ihrem Sohn, der andere dem Reporter oder Sozialarbeiter, der das Treffen arrangiert hat.

Ich fange plötzlich auch an zu weinen. Wie vergeblich sie sind, diese zärtlichen Gesten. Und doch ist das alles, was wir haben – Güte, Freundlichkeit, Würde.

»Er ist der Einzige, der noch bei mir ist.« Roshana reibt die Hände und hebt sie dann in einer Gebärde der Verzweiflung. »Und er nimmt viel Drogen.« Der Sohn brummelt etwas, man versteht ihn nicht. Der Bildschirm wird dunkel.

Vier ihrer Kinder sind gestorben, ein Sohn ist ihr geblieben, und auch der ist drogensüchtig. Wer waren diese Kinder, bevor sie vom Heroin abhängig wurden? Waren sie unglücklich, traumatisiert, verzweifelt; hat Roshana sie in einem entscheidenden Punkt im Stich gelassen? Haben die Kinder ihre Mutter im Stich gelassen, sie enttäuscht? Oder waren sie zur falschen Zeit am falschen Ort und sind einer Substanz verfallen, die so süß und verlockend, so sanft und liebevoll war, dass sie den Schmerz ihrer Mutter gar nicht gesehen haben?

Sie befanden sich im Inneren der Blase, die Mutter blieb draußen.

Heroin, so heißt es, ist eine so unglaublich genussvolle Erfahrung, dass man aufhört, sich selbst von außen zu betrachten; das dümmliche Lächeln, die schläfrigen Augen, der Schmutz, die Unordnung. Darin liegt viel Unschuld, aber es bedeutet auch den freiwilligen Rückzug aus der Welt, Exil.

»Der Haschisch hingegen gehört zur Sorte der einsamen Freuden, er ist geschaffen für die unglückseligen Müßiggänger«, schrieb Baudelaire einmal.

Für Heroin gilt das noch mehr.

*

Zum Teil ist Sucht ein erlerntes Verhalten, sage ich zu den Kindern. Man lernt, süchtig zu werden. Mit Marihuana fängt es an; man lernt, wie man Deals abwickelt, man lernt die Musik, die Stimmung, den Ablauf, die Nachwirkungen.

Niemand weiß, wie alt die Drogenkultur ist. Allen Ginsberg ist im selben Jahr geboren wie mein Vater: 1926. Die Anfangszeilen von *Howl* klingen immer noch nach:

I saw the best minds of my generation destroyed by
madness, starving hysterical naked, dragging them-

selves through the negro streets at dawn looking for an angry fix …

Ich sah die besten Köpfe meiner Generation zerstört vom Irrsinn, hungernd hysterisch nackt, Wie sie sich schleppen durch die schwarzen Straßen, im Licht der Morgendämmerung, und suchen den zornigen Schuss …

Sie erbrachen sich in blutverschmierte Toiletten, sie schimpften, der Rundfunk wolle sie hypnotisieren. Ihr Wahn und ihre Drogen waren ineinander verschlungen wie eine Doppelhelix; der Code für eine urbane Kultur der Rebellion, der Kreativität, der Zerstörung.

Ich denke an Rimbaud und Verlaine. *Une saison en enfer* (Eine Zeit in der Hölle). *Illuminations* (Illuminationen). Absinth und Haschisch, erbitterte Streitigkeiten im Suff, Verlaine, der auf Rimbaud schießt und ihn am Handgelenk verletzt. Ich denke an Edie Sedgwick und Andy Warhol, an die vielen Trabanten von Warhol, die Drogen nahmen und Sex hatten und gefilmt wurden.

Ganze Kulturen können süchtig werden, wie zum Beispiel Russlands sterbende Dörfer, wo das Trinken endemisch wurde und die Statistik der Lebenserwartung landesweit um Jahre verminderte. Oder die gegenwärtige Opioidepidemie in den USA, die keine Klassenschranken kennt.

Sozialkonservative sind entsetzt. Sie wollen Kontrolle ausüben, weil sie glauben, Regelverstöße, Grenzüberschreitungen sind gefährlich. Ich gehöre nicht zu ihnen. Aber andererseits – sie haben recht. Regelverstöße sind gefährlich.

Der Soziologe Erving Goffman hat darüber geschrieben, wie Institutionen ihre eigenen Kulturen schaffen. Aber auch außerhalb der Institutionen entstehen Mikrokulturen – jede Familie, jeder Freundeskreis hat seine eigene Mikrokultur. Diese Kulturen können schädlich oder förderlich sein – oder beides. Wir erklären bestimmte Sitten und Gebräuche für »normal«, wir schaffen Gewohnheiten und Traditionen. Und manche dieser Gebräuche – zum Beispiel, dass man Drogen nimmt – können so grundlegend »normalisiert« werden, dass die Betroffenen die Gefahr vollkommen aus den Augen verlieren.

Familienangehörige überwachen das Verhalten der Süchtigen, so gut sie nur können. Was passiert mit ihnen, im Verlauf der Krankheit? Was wird aus ihnen, wenn jede Abweichung – bei ihnen selbst oder bei den anderen – registriert und analysiert wird? Wenn jedes Glas Wein Nervosität auslöst, wenn man jede Schlaftablette bereuen muss? Und wenn man nur bei ausgedehnten Spaziergängen Erleichterung finden kann und das einzig Aufregende im Leben darin besteht, dass man sich gestattet, zu dicht an steile Abgründe zu treten? Was wird aus einem, wenn man Teenagern nachspioniert und sie ständig kontrolliert, ihr Chaos, die Bierflaschen, die verschiedenen Betten, in denen sie schlafen?

Wer wird man, wenn die logische Konsequenz jeder

Grenzüberschreitung gleich die Drogenhöhle ist – und der Tod? Wer wird man, wenn man den Glauben an Genesung und Rückkehr verliert?

Ich lese fasziniert Chris Kraus' autobiographischen Roman *I Love Dick* (1997). Hast du Drogen?, fragt Dick, als Chris schließlich doch Anstalten macht, ihn zu verführen, nach endlosen Seiten mit nichtabgeschickten Briefen, nach der Konstruktion eines akademischen Stalking-Projekts, das Dick wütend, aber gleichzeitig neugierig gemacht hat. Wie sich herausstellt, hat sie Drogen dabei, und zwar eine ganze Auswahl: eine Ampulle mit flüssigem Opium, zwei LSD-Trips, dreißig Percocet und ein bisschen Gras.

Diese Drogen. Ich habe in meinem eigenen Leben die Drogenerfahrungen auf ein Minimum beschränkt, weil ich solche Angst hatte, wohin mich das führen könnte. Und mit der Zeit werde ich immer strenger – ich passe auf, ob Eric noch ein zweites Glas Wein trinkt; ich will immer wissen, was die Kinder tun, die ja inzwischen Teenager sind oder älter, welche Wege sie einschlagen, ob sie abweichen vom Pfad der Tugend mit seinen sauber aufgeräumten Zimmern und den gesunden Interessen.

Offenbar habe ich die dunkle Seite des Tugendpfades schon ganz vergessen, die dumpfe Repression, den häuslichen Polizeistaat. Ich räume die Zimmer auf, ich sorge für Ordnung, genau wie meine Mutter früher. Als wir Teenager waren, fing sie an aufzuräumen und knipste das Licht aus, bevor wir noch aus dem Zimmer waren. Ganz so schlimm bin ich nicht. Aber ich mache ein Theater wegen Flaschen und Alufolie und klebrigen Fernbedienungen, auch wenn es sich um Wasserflaschen handelt und bei der Alufolie um Schokoladenpapier.

Ich finde trotzdem nicht, dass ich verklemmt bin. Meine Mutter würde ich auch nicht als verklemmt bezeichnen. Dafür war sie viel zu geistreich und ironisch, und ihre Lippen hat sie nie zu einem schmalen, vorwurfsvollen Strich zusammengepresst.

Manchmal merke ich allerdings, wie ich meine Lippen zu einem schmalen, vorwurfsvollen Strich zusammenpresse.

Mich verfolgt die Angst, dass diese Minisignale – die Flaschen und die Alufolie und die klebrigen Fernbedienungen – eine Einbahnstraße direkt in die Sucht sein könnten. Vielleicht reagiere ich so panisch, weil ich früher, als wir jünger waren, jede Menge Zeichen übersehen habe und vieles einfach nicht wahrhaben wollte. Aber die Entfernung zwischen diesem fast mythischen Raum in meiner Vorstellung, nämlich Hans' und Evas Schlafzimmer, in dem Namen und Kontaktdaten von Dealern an der Wand stehen, in dem überall Klamotten herumliegen und Müll und Dreck – die Entfernung zwischen diesem Raum und dem normalen Chaos in den Zimmern von Jugendlichen erscheint mir so minimal.

Ich sehe mich gern als weitgehend unvoreingenommen und nichtwertend. Was natürlich so nicht stimmt. Im Gegenteil, ich werte und urteile ständig – als Lektorin verbringe ich meine Tage damit, Texte kritisch zu lesen und zu redigieren. Als Philanthropin beurteile ich jeden Monat mit meinen Treuhänder-Kollegen Unterstützungsanträge. Ich schreibe an die Kinder nachdenkliche und moralisierende Mails über alle möglichen Themen – nervig oder hilfreich, wer weiß das schon. Ich – und wir alle – verlassen uns ständig auf unser Urteil, unseren Geschmack, unsere intuitive oder wohlüberlegte Vorliebe für x statt y.

Ich bin geprägt von moralischen Werten, von Jane Austens Figuren, die so fühlen und handeln, *wie sie sollten* (oder eben gerade nicht); von Agatha Christies Missbilligung von Mord und Mördern, die manchmal habgierig, manchmal verrückt und gelegentlich beides sind (sie fand diese Unterscheidung nicht so wichtig). Ich bin beeinflusst von C. S. Lewis und Laura Ingalls Wilder, von Astrid Lindgren und Tove Jansson. Ich fülle Wasserflaschen wieder auf und stelle sie in den Kühlschrank; ich mache Feuer mit *einem* Feueranzünder und nicht mit dreien; meine Sparsamkeit ist eine Form moralischer Kontrolle.

In den dunkelsten Nächten – meinen schlaflosen Nächten –, während Hans' und Evas Rückfall, habe ich abgewechselt zwischen Jane Austen, Agatha Christie und C. S. Lewis; dazu kamen noch Rex Stout und Wodehouse. Diese Autoren sind die Häuser, die ich kenne, jedes Buch ist seine eigene, tröstliche Welt und wurde durch die Generationen weitergereicht, von meinem Großvater an meinen Vater an meine Schwester und mich.

Manchmal, wenn ich zu angespannt war, um zu schlafen, habe ich auch schon zwischen Schlaftabletten und Valium abgewechselt.

*

Eric empfand Eva schon immer als tendenziell gefährlich und als durchgedreht, außer Kontrolle. Dass sie und Hans die Kinder vernachlässigten, war seiner Meinung nach moralisch verwerflich, ihr Drogenkonsum verantwortungslos und egozentrisch. Er glaubt letztlich nicht, dass Sucht eine Krankheit ist, und betont immer wieder, wie grundverschieden Hans und ich sind. Man würde nicht denken, dass ihr aus derselben Familie stammt, sagt er, man merkt kaum, dass ihr Geschwister seid. Eric findet außerdem, dass ich völlig übersteigerte Schuldgefühle habe – wegen des Geldes, wegen der Privilegien, wegen Hans, wegen der Kinder –, und er ermuntert mich immer wieder, loszulassen, nach vorn zu blicken.

Wie macht man das?, frage ich manchmal.

Es braucht Zeit, sagt er.

Aber die Zeit allein bewirkt so gut wie nichts. Man muss alles bis zu Ende denken.

Ich bin zu dem Schluss gekommen, dass für Hans die Sucht wie ein Gefängnis war. Und für mich genauso.

Meine Kidnappingphantasien, Hans betreffend, hatten sich bewahrheitet, aber die gefangene Person war ich selbst. Ich saß in diesem Kerker, alles genau eingeteilt, Essen und Trinken und Schlaf und Spaziergänge, ich beobachtete mich selbst und meine Familie und machte mir meine Notizen.

Ich vermute, Drogensüchtige finden, dass sie sich vom Rest der Menschheit nicht groß unterscheiden – anders kann ich mir das alles nicht erklären. Wir finden sie so verletzlich, so schwach, sie haben die Grenze in eine andere Welt überschritten. Vielleicht bemerken sie selbst ein gewisses Maß an Chaos und Unordnung, denken aber, dass das schon irgendwann wieder aufhört. Drogen machen *Spaß*, sagte mal jemand zu mir. Warum soll man sie da aufgeben?

Wie viel Angst und Stress bedeutete das Ganze für Hans und Eva? Ich habe, ehrlich gesagt, nicht die geringste Ahnung. In den zwölf Jahren ihres Rückfalls sah ich immer wieder eine imaginäre Zeichnung vor mir: zwei Strichmännchen – Hans und Eva – in einer Blase. In der Drogenblase ist alles bunt, mit Musik, Sonnenschein und Blumen. Außerhalb der Blase – im »wirklichen Leben« – geht ein finsteres Unwetter nieder. Wir – die Familie – waren in diesem Unwetter gefangen, in einer trostlosen Welt ohne Farben. Die Kinder verloren ihre Eltern und ihr Zuhause, eine Katastrophe. Wir alle verloren unseren Seelenfrieden. Unzählige E-Mails, Suchtexperten, Bewertungen, Berichte, Telefonkonferenzen, Anwälte, Sozialarbeiter, Therapeuten, Psychiater. Der Prozess.

Ich glaube nicht, dass das Leben in der Blase tatsächlich sonnig war. Drogen schaffen einen Zustand der Zufriedenheit, der Euphorie und Begeisterung, aber die Blase ist fragil, sie treibt im Wind, Kinder deuten auf sie, Eltern lächeln, dazu spielt muntere Musik … dann platzt sie lautlos, und man kehrt zurück in ein versifftes Zimmer, elend und verzweifelt und voller Angst.

14

Freuds berühmter Aufsatz »Das Unheimliche« wurde 1919 veröffentlicht. Der erste Teil bringt seitenlange Definitionen des Begriffs *unheimlich*, als hätte das Unheimliche selbst von dem Text Besitz ergriffen. Freud zitiert, wie der Philosoph Friedrich Schelling das Unheimliche definiert: »Unheimlich nennt man Alles, was ein Geheimnis, im Verborgenen bleiben sollte und hervorgetreten ist.«

»Unheimlich« hat seine etymologische Wurzel in »Heim«, genau wie das Zwillingswort »heimlich«. Freud orientiert sich bei der Herleitung der Bedeutungsentwicklung am »Deutschen Wörterbuch« der Brüder Jacob und Wilhelm Grimm (die Meister des Unheimlichen!). Dort findet sich folgende Definition von »heimlich«: Es bedeutet »frei von Furcht« und »ist auch der vom Gespensterhaften freie Ort« sowie »vertraut, freundlich, zutraulich«. Und weiter: »Aus dem Heimatlichen, Häuslichen entwickelt sich dann der Begriff des fremden Augen Entzogenen, Verborgenen, Geheimen.«

Das Heimliche und das Unheimliche sind also ineinander verschränkt – aus »heimlich« wird verborgen, undurchschaubar und sogar gefährlich, es bewegt sich

»nach einer Ambivalenz hin, bis es endlich mit seinem Gegensatz *unheimlich* zusammenfällt«, schreibt Freud. Er erklärt dieses Verschleifen der beiden Begriffe damit, dass alles Verdrängte, egal ob Gedanke oder Fakt, per definitionem vertraut ist, das heißt: familiär, aus dem häuslichen Bereich. Der Sprachgebrauch lässt *heimlich* und *unheimlich* ineinander übergehen, denn das Unheimliche »ist wirklich nichts Neues oder Fremdes, sondern etwas dem Seelenleben von Alters her Vertrautes, das ihm nur durch den Prozess der Verdrängung entfremdet worden ist.«

Das schwedische Adjektiv (und Adverb) *hemlig* (geheim) und das Substantiv *hemlighet* (Geheimnis) haben die gleichen sprachlichen Wurzeln wie *heimlich / unheimlich*: Das schwedische *hem*, das deutsche *Heim* und das englische *home* sind letztlich das gleiche Wort. Mein altes Deutsch-Schwedisches Wörterbuch übersetzt *unheimlich* als *hemsk*, »schrecklich«, im Sinne von Horror. *Hemsk* leitet sich natürlich ebenfalls von *hem* ab. Die zweite Angabe ist *kuslig* oder *spöklig*, »gruselig« und »gespenstisch«. Freud gibt uns also eine gute Erklärung für die seltsame Verbindung zwischen Heim und Geheimnis, zwischen Heim und Horror.

*

Ich denke an die Vorahnungen, die in diesem Buch auftauchen: dass meine Mutter an jenem Wintermorgen Ende der achtziger Jahre in einer Dorfsparkasse meinen Bruder getroffen hat; ihr Zusammenbruch und die Krankenhauseinweisung im Mai 2012 und meine eigene unheimliche Vorahnung auf dem kleinen Flughafen in Schweden, dieses ominöse Gefühl, dass gleich etwas Schlimmes passiert.

Meine Mutter bekam Angst, weil die Kommunikation mit Hans und Eva abbrach und plötzlich Schweigen herrschte – diese Stille war sie nicht gewöhnt. Aber sie unterdrückte ihre Angst. Wahrscheinlich haben wir alle ganz ähnlich reagiert und unsere Angst und Sorge weggeschoben. Wir hatten uns mit den wütenden, paranoiden SMS und E-Mails abgefunden, sie waren die Norm geworden, das Schweigen war uns nicht vertraut. Unser Unbewusstes signalisierte Gefahr, doch aus irgendeinem Grund weigerte sich unser Bewusstsein, stur wie ein Maulesel, ein *mule,* die Warnsignale zu erkennen.

Ich schreibe »stur wie ein Maulesel«, ohne recht zu wissen, warum. Doch dann fallen mir Tove Janssons Bücher über die Mumin-Trolle ein. Jansson erfand für diese Geschichten auch die Hemule, korrekt-zwanghafte Trolle, oft Briefmarkensammler oder Parkwächter oder auch Botaniker. Einer von ihnen, mittelalt, umständlich und verklemmt, trägt charmanterweise immer ein von seiner Tante geerbtes Kleid. Überhaupt tragen alle Hemule, egal, ob männlich oder weiblich, Röcke, und alle mögen Befehle, Vorschriften und Zäune. Garantiert kannte Tove Jansson, die zu Finnlands schwedischer Minderheit gehörte, die deutschen Wörter *heimlich* und *unheimlich*. Und ich gehe davon aus, dass Freuds Thesen zur Verdrängung in den künstlerisch intellektuellen Kreisen ihrer Kindheit in Helsinki allgemein diskutiert wurden.

Es gibt in Tove Janssons Büchern immer wieder verunsichernde Situationen, größere und kleinere, doch sie baut immer schützende Mauern voll Freundlichkeit, Humor und Verständnis um sie herum. Der Hemul steht für Verdrängung, aber Jansson hat ihn gezähmt und umgedreht; er ist ein pingeliger Briefmarkensammler, ein Mann in einem Kleid. Ich bringe das Wort Hemul in Verbindung mit Heim – *hem* – und mit Maulesel, auf Schwedisch *mula*. Für mich besitzt der Hemul die Sturheit eines Maulesels und zugleich die teutonischen Eigenschaften, die zum »Heim« gehören: Ordnung, Zäune, Disziplin, Verdrängung. Das skurrile Kleid ist ein Symbol der Inversion, eine Anspielung auf einen möglichen Verdrängungsgrund. Jansson war lesbisch und hatte sicher ihren Spaß mit diesem süffisanten Scherz.

Aber wieso denke ich an Tove Jansson und die Mumins, an die lyrisch melancholische Landschaft der finnischen Küste und diese empfindsamen kleinen Wesen, die dort leben und deren Gefühle immer und immer wieder verletzt werden, weil die Unempfindlichen auf ihnen herumtrampeln. Am schlimmsten und bedrohlichsten ist die einsame Morra oder *Mårra*, die null Gefühle hat und überall, wo sie auftaucht, nur Kälte und Finsternis verbreitet. Muminvater sehnt sich nach dem Meer und dem großen Abenteuer; er friemelt an seinen

Memoiren herum. Muminmutter, die einige der losgelösten und fast mythischen mütterlichen Eigenschaften von Mrs Moore aus Edward Morgan Forsters Roman *Auf der Suche nach Indien (A Passage to India)* verkörpert, macht Pfannkuchen für all die kleinen Kreaturen, aber sie ist, wenn ich mich richtig erinnere, auch irgendwie sehr allein, ohne die tröstlichen Lebenslügen der anderen: Sie sieht alles viel klarer.

Das Muminhaus ist klein, rund, turmartig, mit vielen Fenstern. Es erinnert an die Behausungen der Hobbits. Und genau wie bei den Hobbits geht auch bei den Mumins Gemütlichkeit über Eleganz.

Sie lässt mich nicht los, diese Vorstellung: ein Zuhause, das keine grässlichen Geheimnisse verbirgt.

Hans versteckte Evas Leiche. Die Tatsache, dass sie nicht mehr lebt, wollte er nicht wahrhaben. Die Toten zu bestatten ist eine universelle Sitte; es gibt viele und ganz unterschiedliche Rituale, aber alle Gesellschaften und Religionen folgen dem Brauch der Bestattung, im Wandel der Zeiten – vermutlich haben auch schon vormenschliche Wesen sich daran gehalten. Wenn wir uns nicht mit den entsprechenden Ritualen verabschieden, kann es passieren, dass die Verstorbenen zurückkommen und uns heimsuchen, oder sie finden den Weg ins Jenseits nicht. Die Toten werden zur Ruhe gebettet – in Gräbern oder Mausoleen; sie werden auf Booten zu Wasser gelassen, oder sie bekommen eine Seebestattung, sie werden eingeäschert oder in einem rituellen Feuer verbrannt, sie werden auf einem Berggipfel aufgebahrt, den Geiern zum Fraß, oder man balsamiert sie für die Nachwelt. Wenn wir die vereinbarten Riten ignorieren, gleichgültig, wie sie aussehen, verstoßen wir gegen den kulturellen Konsens – und gegen das Gesetz. Wir verlassen die Gemeinschaft, wir begeben uns in ein selbstgewähltes Exil.

Wir sind nicht mehr abergläubisch, schreibt Freud in »Das Unheimliche«, aber wir sind auch nicht ganz säkular: Die alten Bilder leben in uns weiter, wir warten und halten Ausschau nach Beweisen. Wenn Eva mich verfluchte, habe ich immer irgendwie geglaubt, sie könnte mir tatsächlich Schaden zufügen. Und vielleicht hat ein Teil von Eva das ebenfalls geglaubt. Sie war keine gewalttätige Person, aber die Drogen katapultierten sie in eine andere Wirklichkeit. Freud sah die Allmachtsphantasien der schwarzen Magie als eine primitive Phase, in die der moderne Mensch zurückfallen kann, wenn er unter Druck gerät. Die alte Welt lebt in uns weiter, der Narzissmus des Magischen enthält das Trugbild der Omnipotenz.

Eva sagte, sie habe eine Wachspuppe von mir gemacht. Die Puppe sei hinuntergefallen und habe sich das Genick gebrochen. Ich müsse vorsichtig sein. »Meine Hexerei funktioniert gut«, schrieb sie. »Achte heute mal besonders auf dein Genick.«

Und statt vorsichtig zu sein, galoppierte ich einen Berg hinauf – meine Form des Risikos, der Wildnis –, und mein Pferd stürzte. Als ich wieder zu mir kam, lag ich auf dem Boden, mit einer schweren Gehirnerschütterung.

In dem traumähnlichen Zustand, der folgte, verschob sich alles – Zusammenhänge, Zeit, Erinnerungen. Ich fiel in eine akute Depression, dann kam die Euphorie – der Garten war mit Goldstaub bedeckt, ich ruhte in einer warmen Brise, Löwenzahnsamen schwebten durch die Luft. Alles ungeheuer friedlich.

Die Kinder lebten schon zwei Jahre bei uns. Seit einem Jahr hatte ich Hans nicht mehr gesehen; bei Eva waren es auch schon mehrere Monate. Es war eine Zeit voller Angst – so schlimm, dass die Gehirnerschütterung sich wie eine Atempause anfühlte. Die Tage waren sonnig, sie dauerten ewig.

Ein, zwei Wochen hielt dieser Zustand an. Dann drang langsam das wirkliche Leben wieder durch die dünner werdenden Wände.

*

Ich habe in jenen Jahren versucht, mir beizubringen, wie man betet. Weil ich atheistisch aufgewachsen bin, hatte ich keine Ahnung, wie das geht – kann man die Wörter einfach still denken, oder muss man sie laut aussprechen? Müssen die Wörter sich im Kopf zu Gedanken zusammenfügen, oder kann man stumm dasitzen, während sich nebulöse Vorsätze formen?

Der größte Teil der jüdischen Lehren, die ich mir angeeignet hatte, war dahingeschmolzen, außer dass ich nun immer draußen im Freien betete, auf meinen langen Spaziergängen, bis ans Ende der Felder und wieder zurück. »Green Sussex fading into blue«, hat Tennyson geschrieben. Ich betrachtete die grünen Felder und Wiesen, die ins ferne Blau übergingen, ich betrachtete die Bäume und den Himmel und die Wolken. Und die jüdische Tradition, die Gott in der Natur erkennt – im Windhauch, der übers Gras weht, in einem Sonnenstrahl, in der plötzlichen Stille –, tröstete mich. Aber es bildeten sich keine Worte, nur unfertige Bitten.

Bitte,
mach, dass es vorbei ist
und dass alles gut wird.

15

Als der Sommer 2012 dem Ende entgegenging – genauer gesagt, am 29. August –, erschien folgender Artikel im *Guardian*:

> Eva Rausing – die im Juli tot aufgefunden wurde in ihrem Londoner Haus, das sie mit ihrem Ehemann teilte, einem Erben des Tetra-Pak-Vermögens – hatte Informationen weitergegeben über den immer noch ungeklärten Mord an dem schwedischen Premierminister Olof Palme, wie die schwedische Staatsanwaltschaft mitteilte.
>
> Scotland Yard bestätigte am Dienstagabend, man habe die Informationen an die zuständigen Behörden in Schweden weitergeleitet. Die dortigen Ermittler wollen nun Hans Kristian Rausing befragen, als möglichen Zeugen zu den Informationen, die seine Frau angeblich besaß.

Die Geschichte von Eva und Olof Palme war am Tag davor in der schwedischen Tageszeitung *Dagens Nyheter* veröffentlicht worden. Wie sich herausstellte, hatte Eva mit dem schwedischen Autor Gunnar Wall korrespondiert, dem Verfasser mehrerer spekulativer Bücher über den Palme-Mord. Nach Evas Tod nahm Wall mit der Polizei und der Presse Kontakt auf.

Premierminister Olof Palme wurde am Abend des 28. Februar 1986 in Stockholm durch einen Schuss in den Rücken getötet. Er war mit seiner Frau Lisbet auf dem Heimweg vom Kino – den Personenschutz hatten die beiden weggeschickt. Die Polizei weiß bis heute nicht, von wem Palme ermordet wurde und warum. War es Totschlag, also nicht geplant? Vielleicht lag eine Verwechslung vor. Vielleicht handelte es sich um eine Verschwörung von schwedischen Rechtsextremen. Oder um ein Attentat, ausgeführt von ausländischen Geheimagenten.

Ursprünglich vermutete die Polizei, Palme sei von kurdischen Terroristen umgebracht worden, aber diese Theorie stand offenbar auf wackeligen Füßen. Es kamen außerdem noch viele andere Polittäter in Frage, zum Beispiel aus Südafrika, was am glaubwürdigsten erschien, denn Olof Palme gehörte zu den entschiedensten Apartheidsgegnern und spendete dem ANC, dem African National Congress, Hunderte Millionen Dollar – über geheime Kanäle, und mindestens einer dieser Kanäle war von dem berüchtigten südafrikanischen Agenten Craig Williamson infiltriert worden.

Lisbet Palme identifizierte den Täter schließlich: Es war ein gewisser Christer Petterson, ein Junkie, der schon einmal wegen Totschlags verurteilt worden war.

Allerdings konnte man kein klares Motiv entdecken. Hatte Palme womöglich Ähnlichkeit mit dem Dealer, dem Petterson Geld schuldete? Dass ausgerechnet der Politiker, der sich so leidenschaftlich dafür einsetzte, die soziale Gerechtigkeit in Schweden voranzubringen, zufällig auf offener Straße erschossen wurde, weil jemand ihn verwechselte – dieser Gedanke entbehrt nicht einer gewissen kulturellen Logik. Auch wenn es noch so unwahrscheinlich klingt: Es könnte durchaus sein, dass Petterson eine Pistole besaß und abgedrückt hat – die Tatwaffe wurde nie gefunden. Lisbet Palme war sich sicher, dass sie ihn erkannte, obwohl seit der Tat mehrere Jahre vergangen waren, als Petterson verhaftet wurde.

Petterson wurde schuldig gesprochen, doch die Berufungsinstanz befand Lisbet Palmes Identifizierung für unglaubwürdig, aufgrund von Polizeifehlern – man hatte Petterson mit einer Reihe von Polizisten in Zivil aufgestellt, die noch ihre offiziellen schwarzen Schuhe trugen, was Mrs Palme aufgefallen war – sie hatte sogar eine Bemerkung darüber gemacht. Petterson wurde freigesprochen. Es ging das Gerücht, er habe in privatem Kreis den Mord gestanden, dieses Geständnis aber später widerrufen. Er starb im Herbst 2004, nach einem Sturz.

Olof Palme wurde vor über dreißig Jahren ermordet. Die Polizei hat alles vermasselt, von Anfang an. Und es wurde nicht besser. In England wäre wegen der unzähligen Ermittlungspannen längst eine Untersuchungskommission eingerichtet worden. In Schweden hingegen wurde 2010 durch einen maßgeschneiderten

Parlamentsbeschluss die Verjährungsfrist für Kapitalverbrechen abgeschafft. Und da die Polizei sich zu laufenden Ermittlungen nicht äußert, gibt es so gut wie keine Informationen zum Fall Palme, was Spekulationen und Verschwörungstheorien Tür und Tor öffnet.

*

Wir sind in Sussex. Die Kinder spielen draußen auf dem Rasen. Sie lachen und schlagen Tennisbälle hoch in die Luft. Ein Ball fliegt in Richtung Fenster, und sie sehen zu mir herüber, mit gespielt schlechtem Gewissen, und ich reagiere mit gespielter Strenge. »Ich hab's gesehen!«, rufe ich. Sie lachen. Ich bin dabei, alte Mails zu lesen, und erinnere mich, erinnere mich.

Die erste Mail, die Eva mir zum Thema Olof Palme schickte, kam am 31. Dezember 2010 um 2.15 Uhr nachts. Es war Silvester, genau zehn Jahre nach Beginn des Rückfalls. Im Betreff stand »ser wichtig [sic] von Eva und Hans K.« Die Mail war lang und extrem zornig. Eva behauptete, Hans sehe »Grund zur Annahme«, dass mein Vater hinter der Ermordung des schwedischen Premierministers stecke. Ich könne sie davon abbringen, zur Polizei zu gehen, indem ich ihr ein verschlüsseltes Zeichen schicke, ein paar Blumen, damit wir uns treffen, um über die Rückgabe der Kinder zu sprechen. Es liege ganz in meiner Hand, sagte sie. Ich müsse entscheiden, ob ich meinen Vater »schützen« wolle oder nicht.

Ich antwortete nicht.

Am 18. Januar schrieb sie wieder und behauptete, sie wisse, dass dreißig Millionen Dollar bezahlt wurden, um die Kinder »wegzuholen«. Sie befürchte, dass ich einem Betrüger ins Netz gegangen sei. Sie redete davon, dass sie mir Zeichen von Gott senden werde. Und davon, wie verzweifelt sie sei. Und als wollte sie den Tonfall der Briefe nachäffen, die sie von uns und von Freunden erhielt, behauptete sie dann, sie vermisse mich so sehr und schicke mir *die allerliebsten Grüße.* Mit dem Zusatz: *Ich kann es kaum erwarten, dich endlich wiederzusehen.* Unterschrieben »Deine Eva«.

Unter diesen drei fröhlichen X stand dann allerdings, sie bitte mich, nicht zuzulassen, dass jemand sie ermorde. Sie habe Angst, schrieb sie, mein Vater könnte versuchen, sie »zum Schweigen zu bringen«. Gott werde mir ein Zeichen schicken, damit ich ihr helfe, ihr Leben und ihre Kinder zurückzubekommen.

Eine Woche später meldete sie sich wieder. Es war eine herzzerreißende, völlig wirre Nachricht. Gott werde sie retten – oder es gebe keinen Gott. Sie werde sterben. Aber gleichzeitig wiederholte sie immer wieder: *Alles wird gut.*

Eva brauchte dringend ärztliche Hilfe, aber sie lehnte jede Art von Beistand ab. Die einzige Möglichkeit, die uns noch offenstand, war, sie in eine psychiatrische Klinik einweisen zu lassen, aber da wir nicht ihre nächsten Verwandten waren, hatten wir dazu nicht die Befugnis, und unser Anwalt teilte uns mit, dass wenig Aussicht auf Erfolg bestand, sollten wir es trotzdem versuchen.

Ich denke an meinen alten Vater, der bei Tisch seinem Hund verstohlen kleine Leckerbissen zusteckt und immer wieder *The Hobbit* liest – auf Russisch, um die Sprache nicht zu verlernen. Eva dachte, er sei die treibende Kraft bei dem Gerichtsverfahren, weil er unbedingt das Sorgerecht für die Kinder haben wollte – aber er war mit ganz anderen Dingen beschäftigt.

Vielleicht war es genau seine dezent desinteressierte Freundlichkeit, die Eva so in Rage versetzte.

Ihre erste Mail an Gunnar Wall wurde einige Monate später abgeschickt: am 5. Juni 2011. Im Betreff stand »Ich weiß, wer Premierminister Olof Palme ermordet hat«. Die schwedische Presse veröffentlichte den Text nach Evas Tod, wobei sie den Namen meines Vaters durch ein x ersetzte. In ihrer Mail behauptete Eva, mein Vater stecke hinter dem Mord an Olof Palme. Angeblich hatte mein Bruder das zufällig »herausgefunden« und war zutiefst betroffen gewesen. Mein Vater habe geglaubt, Palme bedrohe sein Unternehmen, schrieb Eva, und das Unternehmen wollte er natürlich nicht verlieren. Sie werde noch mehr auspacken, fuhr Eva fort, wenn Wall ihr antworte.

Vielleicht wusste sie nicht – oder sie hatte es vergessen –, dass sich 1986, also in dem Jahr, als Palme ermordet wurde, der Hauptsitz von Tetra Pak längst nicht mehr in Schweden befand. Der Grund dafür war der radikale Plan, durch die Einrichtung von gewerkschaftlichen Arbeitnehmerfonds die ökonomischen Machtstrukturen in der schwedischen Wirtschaft grundlegend zu verändern. In diese Fonds sollten Anteilsscheine eingezahlt werden, welche jedes Unternehmen ab einer bestimmten Größe jährlich zuweisen musste und die durch eine bis zu zwanzigprozentige Abschöpfung der Gewinne finanziert werden sollten, bis die gewerkschaftlichen Arbeitnehmerfonds 52 Prozent des Unternehmens besaßen und somit die Stimm- und Kontrollrechte über das Eigentum.

Dieser Plan war 1975 von dem Wirtschaftswissenschaftler Rudolf Meidner und anderen erarbeitet worden, im Auftrag der Gewerkschaften. Meidner schrieb Folgendes für die Gewerkschaftszeitung *Fackföreningsrörelsen*:

> Wir wollen den Eigentümern des Kapitals die Macht entwinden, die sie exakt in ihrer Funktion als Eigentümer ausüben. Die Erfahrung lehrt, dass Einfluss und Kontrolle nicht genügen. Der entscheidende Punkt sind die Besitzverhältnisse. Ich möchte mich auf Marx und auf Migforss beziehen: Wir können die Gesellschaft nur dann grundlegend verändern, wenn wir die Struktur der Besitzverhältnisse verändern.

»Nordic noir«, das Krimi-Genre, bei dem die Täter immer Außenseiter sind und häufig Kapitalisten, ist ein kulturelles Überbleibsel dieser politischen Radikalisierung. Die Übeltäter stehen am Rand, sind aufgrund der sozialen Normen des »Zusammenhalts« aus der Gemeinschaft ausgeschlossen.

Die Sozialdemokraten verloren 1976 und 1979 die Wahl an eine Mitte-rechts-Koalition. Die Partei orientierte sich trotzdem auch weiterhin an Meidners Plan: Eine Arbeitsgruppe aus Gewerkschaftern und Sozialdemokraten veröffentlichte 1978 einen Bericht, und die Debatte ging weiter. Es sah so aus, als würden die Sozialdemokraten diese Fonds à la Meidner einrichten, wenn sie die Wahlen 1982 gewinnen sollten – obwohl Palme selbst allem Anschein nach eher skeptisch war.

Die Partei gewann tatsächlich die Wahl, und die Fonds wurden nach und nach eingerichtet, wenn auch in modifizierter Form – und letztlich nur vorübergehend. Viele Familien waren allerdings der Sache zuvorgekommen und hatten Schweden bereits verlassen, mitsamt ihren Unternehmen. Meine Eltern verabschiedeten sich im Jahr 1982. Evas Behauptung, Olof Palme sei als Bedrohung für die Firma gesehen worden, hätte vielleicht in den siebziger Jahren noch zugetroffen, aber 1986 längst nicht mehr. Und jeder Zeitungsredakteur in Schweden wusste das.

*

Ich lese, soweit ich Zugang dazu habe, die E-Mails, die Eva an Gunnar Wall geschrieben hat und die in verschiedenen schwedischen Zeitungen veröffentlicht wurden. Manche wurden zurückgehalten, der Rest wurde überarbeitet. Walls Seite der Korrespondenz wurde nicht publiziert. Und meine Bitte, die gesamte Korrespondenz einsehen zu dürfen, wies er ab. In ihren Mails behauptet Eva immer wieder, sie wisse, wo sich die Mordwaffe befindet, gibt dieses Wissen aber nie preis. Sie widerspricht der Aussage, dass es sich um eine .357 Magnum handelte, und behauptet, es sei vielmehr ein Revolver .22-Kaliber gewesen. Sie beharrt darauf, dass Palme in den Hals geschossen wurde, was aber nicht stimmt – er wurde zwischen die Schulterblätter getroffen.

Eva erzählte Gunnar Wall auch von ihrem Drogenproblem. Später sei ihr dann klargeworden, sagte er, dass sie mit dieser Information ihrem Anliegen schadete. Sie bedauerte außerdem, so Wall, dass sie behauptet hatte, sie habe die »Wahrheit« über den Palme-Mord durch eine Art Vision erfahren. »Palme ist nicht die erste Vision, und die anderen haben sich alle zu 100 % als richtig herausgestellt«, schrieb sie am 20. Juni 2011.

Dagens Nyheter wollte von Gunnar Wall hören, wie er zu den Unstimmigkeiten in Evas Geschichte stehe. »Mir war sonnenklar, dass Eva Rausings Aussagen darüber, welche Waffe der Täter benutzte und wie die Tat ablief, sehr spekulativ waren und auf wackeligen Füßen standen«, antwortete er. »Aber ich habe viele kluge Menschen kennengelernt, die ebenfalls nur wild spekuliert haben – so gut wie keiner kann etwas Genaues über den Mord sagen. Und trotzdem können die Leute mit dem, was sie tatsächlich wissen, etwas Wichtiges beitragen.«

Evas Mordanklage wurde in sämtlichen Zeitungen veröffentlicht. Schweden befand sich, wie gesagt, im Bann des *Nordic noir*, und diese Geschichte verfügte über sämtliche Zutaten eines Thrillers: ein internationaler Konzernchef, Drogen, eine Frau, die tot aufgefunden wird, der ungelöste Mord an einem prominenten antikapitalistischen Politiker, dem Premierminister Schwedens, Olof Palme. Und egal, was die Journalisten privat von meinem Vater hielten, dem nichts vorzuwerfen war, der kein Motiv hatte und gegen den keinerlei Indizien vorlagen – die Beschuldigungen steigerten auf jeden Fall die Verkaufszahlen.

Und nachdem das Medienkarussell angefangen hatte, sich zu drehen, wurde die Leiterin der Ermittlungen, die schwedische Staatsanwältin Kerstin Skarp, gebeten, sich zu äußern. »Wir hatten Informationen von den britischen Behörden, und sie [Eva] hatte die [Palme-Polizei-] Gruppe davor schon kontaktiert, aber ansonsten möchte ich nichts dazu sagen, wie wir arbeiten«, erklärte sie.

Ob die Informationen nützlich gewesen seien, wurde sie gefragt.

»Wir geben unsere Bewertung nicht öffentlich bekannt«, erwiderte sie.

Varg Gyllander, Pressesprecher der Polizei, teilte der schwedischen Boulevardzeitung *Aftonbladet* mit:

> »Wir kennen die Informationen, und es gab ein Treffen der Palme-Gruppe mit der Staatsanwaltschaft. Die Schlussfolgerungen aus diesem Treffen sind allerdings geheim.«

Seit Jahren besteht die Palme-Gruppe der Polizei nur aus ein paar Leuten. Diese gehen sämtlichen Hinweisen nach, um sie dann zu katalogisieren. Vielleicht tun sie auch noch mehr – wer weiß. In der schwedischen Presse tauchen regelmäßig neue Spekulationen über den Fall Palme auf, und die Antwort der Polizei ist immer die gleiche: kein Kommentar zu laufenden Ermittlungen. Keine Transparenz – oder nur sehr wenig. Der seriöse Ton dieser Kein-Kommentar-Politik hat außerdem den Effekt, dass jede Theorie glaubhaft erscheint, und sei sie auch noch so absonderlich.

Wenn es keine klaren Informationen gibt, blühen und gedeihen die Verschwörungstheorien, das heißt, die Strategie der Polizei hat, vielleicht unbeabsichtigt, einen schleichenden Fiktionalisierungseffekt.

In London veröffentlichte *The Times* Evas Anschuldigung auf der Titelseite. Dazu im Inneren des Blatts einen doppelseitigen Artikel. Ich rief den damaligen Herausgeber an und fragte ihn, ob er, nachdem er die E-Mails gesehen habe, Eva wirklich für eine glaubwürdige Zeugin halte. Na ja, sagte er, sie war offensichtlich ein wenig – ich kann mich nicht erinnern, welches Wort er verwendete – »verwirrt«, vielleicht. Sagen wir: verwirrt. Aber, fuhr er fort, er halte es für möglich, dass sie zwar verwirrt war, aber trotzdem etwas Wichtiges zu sagen hatte.

Darauf lief seine Antwort jedenfalls hinaus.

Zu viele Frauen sind im Lauf der Geschichte für verrückt erklärt worden, wenn sie versuchten, die Wahrheit oder zumindest ihre Version der Wahrheit auszusprechen. Meiner Meinung nach gibt es jedoch keinen Zweifel daran, dass Eva zu dem Zeitpunkt, als sie diese inkohärenten, paranoiden Mails verfasst hat, in einer Klinik hätte sein müssen. »Diese Leute haben den schwedischen Premierminister ermordet, und sie werden, ohne zu zögern, auch mich beseitigen«, schrieb Eva im Frühjahr 2011 an unseren Anwalt. »Man MUSS die Verbreitung dieses Übels verhindern! Sonst werden sie mit ihrem Geld das Leben anderer immer stärker kontrollieren und jeden töten, der sich ihnen in den Weg stellt. Es wird immer leichter für sie.«

Sie fügte hinzu, dass alles, was sie schreibe, überwacht werde, dass sie von ihrem Sicherheitspersonal unter Drogen gesetzt werde und dass sie übernatürliche Signale sende, um unseren Anwalt zu überzeugen.

Sie war nicht gesund. Aber als Süchtige lebte sie in diesem gefährlichen Grenzbereich zwischen psychischer Krankheit und freiem Willen, zwischen Getriebenheit und Willensentscheidung, und man konnte sie nicht zwingen, sich in eine Klinik zu begeben. Es war auch unmöglich, sie dazu zu überreden. Und dass sie je wegen Drogenbesitz zu einer Gefängnisstrafe verurteilt würde, war nicht zu erwarten. Weil sie aus einer prominenten Familie stammte, waren ihre Mails an Gunnar Wall für die Medien ein gefundenes Fressen. Die Mails befanden sich schon über ein Jahr in seinem Besitz, bevor er sie herausgab: Wirklich interessant wurden sie erst durch Evas Tod.

Im September 2012 veröffentlichte die britische Boulevardzeitung *The Mail on Sunday* wieder einen Artikel über Eva: EMOTIONALE BRIEFE ENTHÜLLEN BIZARRE FREUNDSCHAFT ZWISCHEN DER TRAGISCHEN ERBIN EVA RAUSING UND EINEM VERURTEILTEN MÖRDER … UND WESHALB SIE IHM ANVERTRAUTE: »ICH BANGE UM MEIN LEBEN.«

Der Häftling, um den es ging, saß wegen Mord und Drogenhandel im Gefängnis. Er schrieb vom Knast aus an mehrere Prominente, von denen man wusste, dass sie drogenabhängig waren, also auch an Eva. Ihre Briefe, so berichtete der Artikel, enthielten »die Behauptung, dass ein bekannter Unternehmer die Ermordung des schwedischen Premierministers Olof Palme im Jahre 1986 bezahlt habe. Sie selbst befürchte, auch sie könnte umgebracht werden.« Die Behörden in Schweden würden »die Anschuldigungen, den Palme-Mord betreffend, durchaus ernst nehmen und hätten nun vor, einen nicht näher identifizierten Mann in Großbritannien zu befragen, den sie als ihre Informationsquelle genannt habe.«

Ich lese alle Briefe von Eva an den Häftling, die veröffentlicht wurden. Das Palme-Wissen sei auf einmal zu ihr gekommen, wie eine Erleuchtung, schrieb sie. »Eines Morgens bin ich aufgewacht und habe zu meinem Mann, der noch schlief, hinübergeschaut, und ich schwöre, ich habe die Botschaft laut und deutlich vernommen.«

»Ich habe Angst!«, fuhr sie fort. »Ich glaube, diese Leute können ins Haus kommen und mich mit Schlafgas bewusstlos machen, um mir dann eine Überdosis irgendeiner Droge zu spritzen und einen Brief zu hinterlegen, der aussieht, als hätte ich ihn selbst geschrieben. Das wäre das Schlimmste. Hilfe! Ich weiß, es klingt weit hergeholt und komplett paranoid, aber ich schwöre Ihnen, diese Menschen sind zu allem fähig.«

»Das kann nicht wahr sein«, sagte ich zu Eric.

»Es ist aber wahr«, erwiderte er. »Es ist wahr.«

Ein paar Tage später, am 5. September 2012, berichtete *Dagens Nyheter*, Gunnar Wall habe endlich Kontakt mit meinem Bruder aufgenommen. Hans hatte Wall eine SMS geschickt, in der er Evas Geschichte über den Palme-Mord als »komplett unwahr« bezeichnete. Es sei nichts als »eine Verschwörungstheorie« und »ohne jeden Bezug zur Realität«.

Obwohl mein Bruder diese Nachricht geschrieben hatte, gingen die Spekulationen in der Presse weiter, und niemand wusste, was die Polizei machte. Ob sie überhaupt etwas machte. Mich beunruhigte das Schweigen der Polizei und die Tatsache, dass die Mutmaßungen in den Medien nicht aufhörten – einfach, weil es keine konkreten Informationen gab. Im Herbst 2012 nahm ich daher Kontakt mit den schwedischen Polizeibehörden auf. Ich wollte ihnen den Kontext von Evas Mails an Gunnar Wall darlegen und sie über die Drogensucht in Kenntnis setzen. Ich nahm an, wenn sie den Hintergrund erfuhren und die Zusammenhänge begriffen, konnten sie eher entscheiden, wie sie damit umgehen wollten.

Der Polizist, mit dem ich telefonierte, hörte mir aufmerksam zu. Er sagte, er habe versucht, meinen Bruder zu erreichen, um ihn zu befragen – leider ohne Erfolg. Ob ich an seiner Stelle ein offizielles Statement abgeben könnte? Anfangs wehrte ich ab, doch im Lauf der folgenden Monate versicherte er mir immer wieder, die Boulevardpresse werde erst Ruhe geben, wenn ein Mitglied der Familie Rausing eine Stellungnahme gemacht habe. Und eine solche Stellungnahme ermögliche es außerdem der Polizei, diesen Ermittlungsstrang abzuschließen. Reine Formsache – so stellte er es jedenfalls dar.

Schließlich erklärte ich mich einverstanden. Am 25. Juli 2013, mehr als ein Jahr nachdem Evas Leiche gefunden worden war, teilte ich ihm per Mail mit, ich sei im nächsten Monat in Stockholm und könne mich mit ihm treffen. Wir vereinbarten Datum und Uhrzeit. Fünf Tage später, also am 30. Juli, öffnete die Boulevardzeitung *Expressen* mit folgender Schlagzeile:

SIGRID RAUSING WIRD ZU PALME-MORD BEFRAGT

Ein Freund in Schweden schickte mir den Link.

Von Staatsanwältin Kerstin Skarp kam die übliche Erklärung: »Wir kommentieren nicht, was wir tun oder nicht tun. Wir kommentieren grundsätzlich keine individuellen Fälle.«

Ich schickte noch am selben Tag eine Mail an den Polizisten, mit dem ich Kontakt aufgenommen hatte. »Das ging aber schnell mit dem Leak. Ich nehme an, er kam aus Ihrem Büro. Da ich zu dem, was ich bereits sagte, nichts hinzuzufügen habe, ist es vermutlich besser, wenn wir uns nicht treffen.«

Am 21. August, also fast einen Monat später, antwortete er. Es tue ihm sehr leid, dass es eine undichte Stelle gegeben habe. Er könne es sich nicht erklären. Außerdem wies er mich darauf hin, aufgrund des schwedischen Whistleblower-Gesetzes verfüge die Polizei über keinerlei Handhabe, um herauszufinden, wie die Medien ihre Informationen bekommen. Er hoffe gleichwohl, dass wir in Kontakt bleiben.

Ich antwortete nicht.

Die Boulevardpresse nahm ein Faktum – dass ich mich bereiterklärt hatte, mit der Polizei zu sprechen – und verdrehte es vollständig: Ich solle von der Polizei »befragt« werden, was nichts anderes bedeutete als »verhört«. Als wäre ich eine Komplizin in diesem absurden Krimi. Sämtliche Boulevardblätter und viele andere Zeitungen, von denen ich noch nie gehört hatte, brachten die Meldung:

> SIGRID RAUSING WIRD ZU PALME-MORD BEFRAGT
>
> Liken Sie diesen Artikel auf Facebook.

Die Seiten wurden sehr oft geteilt und getwittert.

*

Ich denke an meinen Traum von dem Café in Kopenhagen: das Gefühl der Erleichterung, weil ich endlich anonym bin – und dann plötzlich erscheint mein Name auf der Menütafel: RAUSING HAT ZU VIEL BEZAHLT. Als ich aus dem Traum aufwachte, fiel mir sofort mein Buch ein, und ich dachte daran, wie zurückgezogen meine Familie lebt, ich dachte an unsere Angst vor Öffentlichkeit – für uns ist und bleibt die Welt ein feindseliger Ort. In Schweden wurden im Lauf der Jahre jede Menge Artikel darüber geschrieben, wie zurückhaltend und öffentlichkeitsscheu die Familie Rausing ist. In manchen Artikeln wurde das sehr negativ bewertet, und vor allem mein Großvater kam oft schlecht weg. Dazu kamen uninformierte Mutmaßungen über meinen Onkel Sven und seine Krankheit, für die man die streng patriarchalische Familienstruktur verantwortlich machte. Er werde systematisch vor der Öffentlichkeit »versteckt«. Die Überzeugung, dass wir Geheimniskrämer sind und uns verstecken – uns selbst sowie einander –, hält sich hartnäckig.

Diese Geschichte hat viele verschiedene Aspekte, aber ein großer Teil dreht sich um die Frage, was verborgen bleibt und was enthüllt wird, was privat ist und was öffentlich. Als Kinder haben wir gelernt, uns vor Bloßstellung zu fürchten. Uns wurde eingetrichtert, jede Publicity zu meiden. Doch je mehr wir uns verkrochen, desto stärker wurde der Eindruck, wir hätten etwas zu verbergen, und unser Wunsch nach einem ungestörten Privatleben wurde als Heimlichtuerei gedeutet.

Bei einer Redaktionssitzung von *Granta* platzte ich aus Versehen mit der Palme-Geschichte heraus. Wir besprachen gerade einen geplanten Text über den Mord. Schon bei meinem ersten Satz wusste ich, dass es ein Fehler war, es anzusprechen, aber nachdem ich einmal angefangen hatte, konnte ich nicht mehr aufhören.

»Ich muss euch hoffentlich nicht sagen, dass mein Vater unschuldig ist«, endete ich matt, als alle etwas konsterniert schwiegen. Die Stille wurde erst durchbrochen, als einer der Anwesenden – kein Redakteur – die

Situation in die Hand nahm und mit strahlendem Lächeln versicherte: »Klar ist er unschuldig!«

Er wollte dafür sorgen, dass ich nicht litt: eine unerwartete Entlastung. Ich musste an das Milgram-Experiment denken. Aber warum? Mit diesem berühmten Experiment, das Milgram nach dem Eichmann-Prozess in Jerusalem (1961) entwickelte, sollte festgestellt werden, inwieweit völlig normale, durchschnittliche Menschen bereit sind, anderen Schmerzen zuzufügen – aus gehorsamer Unterwerfung unter eine Autorität. Die »Lehrer« – das heißt, die Testpersonen – sollten den »Schülern« Wortpaare beibringen. Den Lehrern wurde gesagt, durch das Experiment wolle man herausfinden, ob Strafe eine wirksame Lernhilfe sei. Wenn die »Schüler« eine falsche Antwort gaben, mussten die »Lehrer« sie bestrafen, indem sie ihnen einen elektrischen Schlag versetzten, und zwar mit steigender Voltzahl.

Die Versuchsleiter hatten eine Abfolge von Standardsätzen in petto für die »Lehrer«, denen natürlich Bedenken kamen, wenn die »Schüler« nach den Elektroschocks anfingen zu stöhnen und sie schließlich schreiend anflehten, doch bitte aufzuhören.

Diese Standardsätze lauteten:

Bitte, machen Sie weiter.
Das Experiment erfordert, dass Sie weitermachen.
Sie müssen unbedingt weitermachen.
Sie haben keine andere Wahl – Sie müssen fortfahren.

Sechsundzwanzig von vierzig »Lehrern« kooperierten beim ersten Versuch mit den Leitern und versetzten den »Schülern« Stromschläge, von denen sie annehmen mussten, dass sie schmerzhaft, wenn nicht sogar lebensgefährlich waren. Es ist nicht ganz klar, wie viele der Probanden das Experiment durchschauten und trotzdem weitermachten – manche behaupteten anschließend, sie hätten es einfach nur lustig gefunden. Das mag stimmen. Aber es gibt natürlich eine nicht unerhebliche kulturelle Motivation für diese Behauptung: Niemand will mit Nazi-Schergen verglichen werden, mit diesen unterwürfigen Rädchen im Getriebe, die auf der ganzen Welt Abscheu erregten, weil sie sich zu dem Verbrechen (oder zu der Tugend) des Gehorsams bekannten und nicht zu ihrer moralischen Verantwortung. Doch wie dem auch sei, die Schlussfolgerung – nämlich dass Menschen bereit sind, einer Autoritätsfigur zu gehorchen, auch wenn es bedeutet, anderen Schmerzen zu bereiten – wurde weitgehend akzeptiert.

Warum ist mir das Experiment ausgerechnet während dieser *Granta*-Sitzung eingefallen? Vielleicht, weil es mir so vorkam, als würden auch wir an einem Milgram-Experiment teilnehmen, ohne es zu merken. Es gab ein Publikum, einen Kreis von Journalisten, Redakteuren und Lesern, die unser Familiendrama verfolgten. Genau wie Milgrams Testpersonen wurden wir vorgeführt und bewertet.

Im privaten Psychodrama des Gerichtssaals war auch

uns vorgehalten worden, wir würden Schmerzen zufügen und unschuldige Opfer unterdrücken, wir würden gegen Eltern vorgehen, die doch aufgrund der Drogen wehrlos waren und in dieser schrecklichen Geschichte ohne Zweifel die Unterlegenen. Wir waren die Alphatiere, wir waren die Schuldigen.

Und genau wie die »Lehrer« machten wir pflichtgetreu weiter.

Bitte, machen Sie weiter.
Das Experiment erfordert, dass Sie weitermachen.
Sie müssen unbedingt weitermachen.
Sie haben keine andere Wahl – Sie müssen fortfahren.

»Schuld« heißt auf Schwedisch *skuld* und hat die Doppelbedeutung »Schuld« und »Schulden«. Das englische Wort *guilt* kommt vom mittelenglischen *gilt* und dem altenglischen *gylt*. Es ist verwandt mit »Gold«, mit dem deutschen Wort *Geld* und dem gotischen *gild* (Steuer): Das Wort »guilt« verweist also auf Geld, Schulden, etwas schulden. Wer »guilty« war, musste für das, was er getan hat, bezahlen. Etymologisch betrachtet scheint es richtig, dass die Reichen, die Ver-Goldeten, »guilty« sind.

Ich lese *Good Morning, Midnight* von Jean Rhys. In diesem melancholischen Buch, das im Paris der 1930er Jahre spielt, also in der Post-Boheme-Zeit, gibt es einen Exilanten aus Russland. Vielleicht stammt er auch aus der Ukraine. Er sagt: »Angesichts der heutigen Lage habe ich keinerlei Sehnsucht, reich oder mächtig zu sein.

Ich möchte nicht zu den Schuldigen (*the guilty ones*) gehören. Ich weiß, dass ich nicht schuldig bin, also habe ich das Recht, so glücklich zu sein, wie ich nur kann.«

Diese Zeilen sprechen mir aus dem Herzen.

Ich suche auf der Website von *Aftonbladet* nach »Eva Rausing« und finde eine endlose Liste von Schlagzeilen. Ein Artikel folgt dem anderen. Man kann von der Überschrift auf den gesamten Text schließen, hier in zeitlich umgekehrter Reihenfolge:

TRAGÖDIE IN DER SCHWEDISCHEN OBERSCHICHT
HANS KRISTIAN RAUSING – KUSCHELN MIT DER NEUEN EHEFRAU
EIN NEUES LEBEN FÜR RAUSING
HANS KRISTIAN RAUSING HEIRATET WIEDER
RAUSING VERLÄSST DAS HAUS, IN DEM EHEFRAU STARB
PALME-THEORIEN DER PROMIS
EVA RAUSING WOLLTE IN SCHWEDEN BESTATTET WERDEN
RAUSING VERLIERT BRUDER AN DROGEN
TOD, DRAMA, SUCHT – PACKENDE GESCHICHTE
ER DRÜCKT SEINE EVA NOCH IMMER FEST ANS HERZ
BEREIT FÜR EIN NEUES LEBEN – MIT LUXUS-GYM

SO LEBEN DIE REICHSTEN SCHWEDISCHEN FAMILIEN

FAMILIE RAUSING BRICHT DAS SCHWEIGEN

EVA RAUSINGS EHEMANN: ICH SAH SIE STERBEN

»ICH WEISS, SIE HAT GEKÄMPFT«

HANS KRISTIAN RAUSING ÜBER EVAS ANSCHULDIGUNGEN

HANS RAUSING: EIN SPIEGEL IHRER KRANKHEIT

SCHULD UND SÜHNE: NEIN, EVA RAUSING WEISS NICHT, WER PALME ERMORDET HAT

WICHTIGER HINWEIS – AUCH WENN ER ABSURD KLINGT

»ICH HABE ANGST VOR IHM«

EVA RAUSINGS BRIEFE AN DEN PALME-EXPERTEN

LEIF GW PERSSON: »ER WAR FRÜHER DA«

EVA RAUSINGS E-MAILS ÜBER PALME

EVA RAUSING – VON AMERIKANISCHEN ANGEHÖRIGEN BESTATTET

RAUSING BEKOMMT FÜNF-STERNE-MAHLZEITEN

MILDES URTEIL FÜR RAUSING

RAUSING ERNEUT VOR GERICHT

RAUSING GEHT EINKAUFEN

RAUSING BEI EXKLUSIVEM FRISEUR

»RAUSING WAR VOLLKOMMEN VERWIRRT«

GEFUNDEN UNTER EINEM KLEIDERBERG
EVA RAUSING – VOR DEN DROGEN
RAUSING ANGEKLAGT WEGEN VERHINDERUNG VON BEGRÄBNIS
LUXUSVILLA WURDE ZU DROGENHÖHLE
EVA RAUSING WOLLTE IN HELSINGBORG BEGRABEN WERDEN
»ZUTRITT VERBOTEN«
FAMILIE BEWACHT VON PRIVATEN BODYGUARDS
»ICH HABE EINE WOCHE LANG AN DIE TÜR GEKLOPFT«
EVAS VERZWEIFLTE E-MAILS AN IHREN SCHWIEGERVATER
EVA RAUSINGS FREUNDSCHAFT MIT PRINZ CHARLES
HANS KRISTIAN RAUSING – BESCHÜTZT VON DER FAMILIE
EVA RAUSINGS DROGENMISSBRAUCH BEGANN IN OBAMA SCHOOL
DIE MUTTER: WIE MEINE TOCHTER STARB
DIE LETZTEN GEMEINSAMEN FOTOS DER RAUSINGS
VERDACHT AUF MORD AN EHEFRAU
ELITE-EINHEIT SOLLTE EVA RAUSING VOM DROGENKONSUM ABBRINGEN
KONNTE BELIEBIG VIELE DROGEN NEHMEN – BEKAM SEINE MILLIONEN TROTZDEM

ER LEBTE – MIT SEINER TOTEN FRAU
DER KÖNIG WAR IHR FREUND
ES KAM ZU EINEM ERBITTERTEN STREIT
POLIZEI JAGT EVAS DROGENDEALER
WIE DIE RAUSINGS IHR MILLIARDEN-
IMPERIUM AUFBAUTEN
EVA RAUSING, 49, [*SIC*] ÜBER IHREN KAMPF
GEGEN DIE DROGEN
EVA RAUSING HÄTTE SEIT EINER WOCHE
TOT SEIN KÖNNEN
»WIR DACHTEN ALLE, DASS ES PASSIERT«
DIE DROGEN WAREN IHR UNTERGANG
KÖNIGLICHE FAMILIE TRAUERT UM
FREUNDIN
EVA RAUSINGS TOD – EIN RÄTSEL
HIER WURDE EVA RAUSING GEFUNDEN
AUS SICHERER QUELLE: »EVA WAR SCHON
SEIT EINER WOCHE TOT«
FAMILIE RAUSING: WIR SIND TIEF BE-
TROFFEN
SCHUF EIN VERMÖGEN AUS MILCHKARTONS
EVA RAUSING TOT AUFGEFUNDEN
ICH BEREUE ES ZUTIEFST

16

»Ich habe beschlossen, in Behandlung zu gehen!«, schrieb Eva im Januar 2012 an ihren Brieffreund im Gefängnis und fügte hinzu:

> Ein Teil von mir ist so froh und glücklich, dass ich endlich etwas unternehme, um mich aus diesem schrecklichen, schrecklichen Gefängnis zu befreien, in das ich eingesperrt bin.

Sie begab sich tatsächlich in Behandlung, allerdings erst im April.

Sie ging in eine Suchtklinik in Kalifornien. Nennen wir die Klinik »Breeze«. Ich studiere die Website. *Die Sucht endet hier*, steht da. Dazu ein Foto von einer wunderschönen Mutter, die ihre Tochter umarmt, unter den Augen eines lächelnden Therapeuten. Das Bild verschwindet, es erscheint eine Yacht im blauen Meer; dann ein Garten mit Palmen und Blick aufs Wasser; dann eine Frau, die in einem Pool schwimmt; eine Nachtszene; eine Tennisszene; eine Szene an der Rezeption. Jedes Gesicht, jeder Körper ist makellos. Niemand sieht aus wie ein Junkie.

Es ist ein Traumbild des Reichtums: Mit Geld kann man alles kaufen.

> Über dem Pazifik gelegen, schmücken unsere fünf eleganten Anwesen die Küste von Malibu. Das perfekte Setting für die Gesundung von Körper, Geist und Seele. Seit mehr als zehn Jahren ist Breeze ein strahlendes Beispiel für Suchtbehandlung in Luxus, ohne Zwölf-Schritte-Programm.
> Auf dem großzügigen Gelände von Breeze finden Sie das umfassendste und differenzierteste Behandlungsprogramm der Welt.

Ich las die Website, wie unter Zwang. Und voller Zynismus, weil ich ja weiß, dass dem, was man mit Geld erreichen kann, durchaus Grenzen gesetzt sind. Ich studierte die Seite, um zu sehen, wo Eva ihre letzte Woche verbracht hat.

Warum Sie sich für das Breeze Drug and Alcohol Rehab Center entscheiden sollten.

> Wir wissen, es ist eine wichtige Entscheidung. Deshalb fordern wir Sie auf, Breeze mit anderen Zentren zu vergleichen. Wenn Sie deren Informationsbroschüren mit unserer vergleichen, werden Sie feststellen: Nirgends auf der Welt gibt es eine bessere Klinik – da sind wir uns 100 % sicher.

Akkreditierung durch die JCAHO (Joint Commission on Accreditation of Healthcare Organisations) – nur 6 % der Rehazentren in den USA wird diese Ehre zuteil
Auf der *Forbes Magazine*-Liste der »luxuriösesten Institutionen für Entzug«
Von *Healthcare Global* als »Number 1 Rehab in The World« bewertet
Kein 12-Schritte-Programm, ganzheitlicher Ansatz bei der Entzugstherapie
55+ Stunden Einzelbehandlung, pro Klient, pro Monat
16 Stunden halbprivate Behandlung pro Klient, pro Monat (3 zu 1)
127 Mitarbeiter
4-zu-1-Rate Mitarbeiter-Klienten (die höchste landesweit)
24 Stunden am Tag / 7 Tage in der Woche hochqualifiziertes Pflegepersonal anwesend (ausgebildete Krankenschwestern)
22 verschiedene Behandlungsmethoden
10 Therapeuten werden jedem Klienten individuell zugewiesen
40 Tausend m^2 Gelände, Felsufer mit Blick über den Pazifik
5 Luxusanlagen, unter denen Sie auswählen können. Alle Zimmer mit Meerblick
2 Swimmingpools und ein Whirlpool
Nord-/Süd-Tennisplatz

Fitnesscenter mit Personal Trainern
Keine häuslichen Pflichten, keine demütigenden, destruktiven Methoden, um Sie zu brechen

Sie brechen dich, und sie bauen dich wieder auf – in manchen Institutionen ist das so. Oder jedenfalls *war* es so. Suchtkranke, die in ihrem Leben noch nie gearbeitet hatten, schrubbten Toiletten, manchmal mit der Zahnbürste. Hat es funktioniert? Ich weiß es nicht. Studien über die besten Entzugsmethoden gibt es noch nicht lange, und sie beschäftigen sich meistens nicht mit den verschiedenen Therapieformen. Die Kurzdarstellung der britischen Drug Treatment Outcome Research Study von 2009 empfiehlt nur eine einzige Methode: Entscheidend sei es, die Motivation der Patienten positiv zu verstärken. Warum? Weil die Untersuchung zeigte, dass Patienten und Praktiker dies für wichtig hielten.

Was heißt also »Behandlung«, »Entzug«, diese Begriffe, die wir so selbstverständlich benutzen? Man eröffne ein Zentrum und gebe ihm einen Namen – Ozean, Hoffnung, Glück, Reisen. Man beschreibe ein Programm, *zugewandt, auf den Einzelnen zugeschnitten, individuell, exklusiv*, mit Fokus auf *Familiendynamik, persönliches Behandlungskonzept, tiefgehende Gespräche, Körper und Geist*. Oder, wenn man der National Health Service ist, weise man einen der wenigen vorhandenen Rehaplätze zu, schreibe Methadon-Rezepte, kontaktiere die Sozialarbeiter. Auf jeden Fall sollte man seine Patienten »Heilungsuchende« nennen, um keinem auf die Füße zu treten, sondern um zu motivieren. Aber was funktioniert, was funktioniert nicht? Keine Ahnung. Ich bin mir nicht sicher, ob das überhaupt jemand weiß. Diese Industrie wird eher von Verzweiflung angetrieben als von medizinischen Erkenntnissen.

Ich klicke auf das *Ocean Therapy*-Programm. Das Video dauert eine Minute. Wir sehen eine Yacht, welche die Wellen zerteilt, an Bord eine Gruppe ästhetischer junger Menschen. Dann erscheint ein Delphinschwarm, die Sonne versinkt, begleitet von inspirierender Musik. Das Video hält immer wieder an, um zu laden, das heißt, alles wird abrupt still. Seltsamerweise passen diese Pausen, sie sind wie Risse in der Fassade.

Ich klicke auf die Haupttour. Wir folgen »Ben«. Ben sieht gut aus. Graumeliertes Haar. Er ist in seinem Zimmer mit Meerblick. Ich sehe Eva vor mir, in dem Zimmer, das sie eine Woche lang nicht verlassen hat. Bequemes Doppelbett, Fernseher, Balkon.

Hat sie auf dem Bett gelegen und ferngesehen?

Ben bekommt Akupunktur. Das Bild bleibt stehen, er sieht aus wie tot. Ich spüre einen Kloß in der Kehle, meine Augen werden feucht. Aber der Mann, bei dem es sich ja sowieso um einen Schauspieler handelt, ist natürlich nicht tot – er macht weiter, absolviert mehrere der fünfzehn verschiedenen Stationen: alternative Behandlungen, Abenteuertherapie, Hypnotherapie, Lebenssinnberatung, Ernährungsberatung, Seil-Kurs-Therapie, Ehe- und Familientherapie, Yoga. So viele positive Erfahrungen, eine nach der anderen.

Bens Vater kommt zu Besuch. Wir wissen schon, dass Ben ein geringes Selbstwertgefühl hat, eingeschüchtert vom Erfolg des Vaters. In dieser Szene erklärt er seinem Vater, was mit ihm los ist; der Vater lächelt und nimmt ihn in den Arm. Absurderweise kommen mir schon wieder die Tränen. Ich muss daran denken, wie mein Vater sich auf meinen Arm stützt, ich denke an seine feine Ironie, seine Zurückhaltung. Zu so einer Umarmung, zu diesem Lächeln wäre er nicht fähig. Ein derart schlichtes Narrativ hätte er weder verstanden noch geglaubt.

Mein Bruder hat sich immer nach der amerikanischen Vorstadtidylle gesehnt. Er wollte in einer Welt leben, in der das Einfache möglich erscheint, wo man gelobt wird und die Erwartungen nicht zu hoch geschraubt sind. Wo er sich anerkannt fühlen kann und nicht bewertet.

Aber vielleicht sind solche Narrative nie wahr. Schon gar nicht in amerikanischen Vorstädten.

Am Schluss geht Ben nach Hause. Er bekommt zum Abschied einen herzförmigen Stein geschenkt, welcher den Ausweg aus der Sucht symbolisieren soll. Zu Hause warten zwei Kinder am Fenster. Sie rennen los, um ihn zu begrüßen, und fallen ihm um den Hals. Eine blonde, sehr gepflegte Frau erscheint. Sie küssen sich, und neben ihnen steht das teure Gepäck.

Aber das ist noch nicht der Schluss. In der allerletzten Szene sehen wir Ben am Kopfende eines großen Tisches sitzen, in einem edlen Büro. Er teilt Papiere aus; er spricht. Die anderen Anwesenden scheinen beeindruckt, sie lächeln. Ein älterer Herr flüstert einem anderen etwas zu, sie nicken beide anerkennend, den Blick auf Ben geheftet.

Und obwohl das Video so vorhersagbar und steril ist wie ein Werbespot, bin ich ergriffen. Ich bin ergriffen, weil ich nun weiß, wo Eva die letzte Woche vor ihrem Tod verbracht hat, und weil ich mich ihr dadurch näher fühle. Vielleicht kann ich ihre Hoffnungen klarer sehen.

Hat sie sich tatsächlich etwas erhofft, mit ihrem Valium? »Eine einzige Valiumtablette – und man hat sie rausgeworfen«, sagt ihre Mutter. Aber wer weiß, wie viel Valium sie in Wirklichkeit bei sich hatte. Oder welche anderen Pillen.

*

Immerhin hatte die Malibu-Klinik, bei allem Luxus, eine konsequente Haltung zu Drogen. Als Eva starb, hörte ich das Gerücht, Hans sei eine Weile im Stapleford Centre gewesen, einer Londoner Suchtklinik mit einer kontroversen Geschichte: Patienten, deren Suchterkrankung durchaus bekannt war, bekamen Betäubungsmittel verschrieben, zur Substitution, zur Entgiftung oder auch zur Schmerzbekämpfung. Was natürlich nicht unumstritten war. Der Gründer der Klinik, Dr. Brewer, wurde 2006 aus dem Arztregister gestrichen, wegen Verstoßes gegen Berufspflichten: Die Zulassung wurde ihm entzogen, nachdem ein Patient während einer sogenannten häuslichen Entgiftung, zu der ein ganzer Cocktail aus verschiedenen Medikamenten gehörte, gestorben war. Zwei andere Ärzte der Klinik wurden ebenfalls wegen Berufsvergehen angeklagt, jedoch nicht aus dem Register gestrichen – Dr. Kindness ging in den Ruhestand, und Dr. Tovey durfte weiterhin praktizieren, wenn auch nur unter Aufsicht, eine Bedingung, die 2009 aufgehoben wurde. Die übrigen Ärzte am Stapleford Centre, die man vorlud, wurden in allen Punkten freigesprochen.

Die ganze Angelegenheit war eine große Sache für den GMC, den General Medical Council. Der *Guardian* berichtete im November 2006 über den Fall:

> Der GMC stand dem Programm, bei dem der Patient selbst die Medikamentendosis bestimmte und nur über das Telefon medizinisch beraten wurde, höchst skeptisch gegenüber. Viele der Kritikpunkte ergaben sich aus der Praxis, den Patienten langfristige Rezepte auszustellen – was dazu führte, dass die Patienten über beträchtliche Mengen an Arzneimitteln verfügten und eventuell in Versuchung kamen, diese zu verkaufen.

Ich denke an die Briefe, die Eva 2009 ihrem Freund im Gefängnis schrieb. »Ich nehme keine ›Drogen‹, das heißt, ich muss mir keine illegalen Drogen beschaffen«, schrieb sie. »Ich habe renommierte Ärzte, die mir alle möglichen ›Medikamente‹ verschreiben. ›Medikamente‹, betone ich, KEINE Drogen.«

Ich glaube, weder Dr. Brewer noch seine beiden Kollegen wollten ihren Patienten schaden. Aus Onlineforen wird deutlich, dass Suchtkranke, denen die Behandlung im Rahmen des National Health Service zu autoritär und zu strikt gewesen war, das Stapleton Centre verteidigten. Kein Wunder: Sie wurden dort nicht für ihre Sucht gemaßregelt, und wenn sie Drogen brauchten, erhielten sie offenbar welche. Aber jedem war klar, dass es nur eine Frage der Zeit sein konnte, bis das Zentrum von einem Skandal heimgesucht würde. Es handelte sich um eine Privatklinik, die Behandlungsmethoden waren experimentell oder zumindest unorthodox. Überall lauerten Gefahren – schon allein deswegen, weil man nicht wissen konnte, wie viele der Stapleford-Patienten die verschriebenen Medikamente mit anderen Drogen kombinierten.

Vielleicht hatten die Ärzte zu viel Vertrauen zu ihren Patienten. Krankengeschichten sind oft komplex und schwer fassbar, und Suchtkranke, deren innere Welt geprägt ist von extremen Bedürfnissen, lügen gewohnheitsmäßig. Ich will hier nicht moralistisch klingen – wir würden alle lügen, um zu überleben. Suchtkranke lügen, weil sie Geiseln eines Verlangens sind, das sie nicht kontrollieren können. Sie lügen, wenn es um ihren Drogenkonsum geht, und sie lügen, wenn es um ihr Leben geht. Ihre Lügen sind oft durchschaubar und plump, kindliche Unschuldsbeteuerungen – *alles ist okay, ich kann nichts dafür, ich weiß nicht mehr, was passiert ist, man hat mich gezwungen*.

Wir mögen es alle nicht, wenn man uns zurechtweist und verurteilt: Ein Schuldspruch kann Exil bedeuten, im wörtlichen oder im übertragenen Sinn.

Das Stapleford Centre gibt es heute noch. Angeblich wurden die Behandlungsmethoden verbessert, und nach der Website zu urteilen führen sie Entgiftungen jetzt mit Naltrexon durch, einer Substanz, welche die Wirkstoffe von Heroin blockiert. Sie bieten allerdings immer noch Substitutionstherapie mit Methadon an, in Klammern ergänzt durch einen etwas irritierenden Vorschlag: »(aber wir können Patienten vor dem Entzug auf andere Opioide umstellen, und in der Regel können wir auch Substitution durch Buprenorphin [Subutex] oder Morphin anbieten, obwohl diese Mitteln [sic] wesentlich teurer sein sind [sic] als Methadon.)«

Patienten, die Hilfe suchen, müssen belegen, dass sie bezahlen können, und eine Kaution hinterlegen. »Im Gegensatz zu den meisten privaten Therapiezentren bieten wir Ihnen eine breite Skala von Behandlungsmethoden, um genau Ihren Bedürfnissen und Ihrer finanziellen Situation zu entsprechen. Falls die Finanzierung ein Problem darstellen sollte, können Sie jederzeit *payday loans uk* bekommen.«

Das ist ein Link. Ich klicke ihn an. *Sofortkredite, in bar, bei Bedarf. Stellen Sie noch heute einen Kreditantrag*!, steht auf der Website. Es sind Darlehen bis zu zweitausend Pfund, für jeden beliebigen Zweck, bei einer festgelegten Zinsrate von 180,5 % (variabel). *Verspätete Rückzah-*

lung kann Sie in ernste Geldschwierigkeiten bringen, warnt die Seite, kleingedruckt.

Ein paar Wochen später klingt der Satz auf der Stapleton-Website schon ganz anders. Nun steht da nur noch: »Im Gegensatz zu den meisten privaten Therapiezentren bieten wir Ihnen immer eine breite Skala von Behandlungsmethoden an, um genau Ihren Bedürfnissen und Ihrer finanziellen Situation zu entsprechen.«

Hans und Eva lebten wie Einsiedler in ihren Räumen im zweiten Stock, zu denen das Personal keinen Zutritt hatte. Manchmal stellten die Bediensteten ein Tablett mit Essen vor die Tür. Als ich sie fragte, was Hans und Eva gegessen haben, schauten sie einander an und schüttelten den Kopf. Einer antwortete, manchmal hätten sie nachts ein Eis gegessen.

Wenn Hans und Eva von Ärzten Betäubungsmittel verschrieben bekamen – wie sollte ihnen das helfen?

17

Ich denke wieder an den Sommer 2012.

Ich saß in unserem Haus in Schweden, mit Blick aufs Meer. Die Kinder waren gerade abgereist. Ich suchte nach einem Buch, das ich lesen könnte, und blätterte in einem alten Roman: *Storm Over Jamaica*, von Richard Mason. In dem Buch lag eine Postkarte, adressiert an »den Jungen Hans-Christian [sic] Rausing, Kraftstorg 8, 223 50 Lund«. Es war eine dieser Wackelpostkarten mit Bewegungseffekt aus den sechziger Jahren: Zwei Koalabären sitzen mit ausdrucksloser Miene auf einem Baum, hinter ihnen blitzblauer Himmel, und wenn man die Karte dreht, schauen sie in die andere Richtung.

Die Karte stammte vom *Axel Eliassons Konstförlag AB Stockholm*. Dieser war bis zur Mitte des zwanzigsten Jahrhunderts der führende Postkartenverlag in Schweden. Als die Karte geschrieben wurde, hatte er den Zenit bereits überschritten, aber die Neuerung – Lentikulardruck – war garantiert damals noch sehr aufregend.

Mein Großvater war ebenfalls im Printgewerbe – vor der Verpackung, vor seinem ersten eigenen Betrieb, Åkerlund & Rausing, und lange vor Tetra Pak. Wahrscheinlich kannte er Axel Eliasson. Auf jeden Fall dem Namen nach.

Der Bewegungseffekt macht aus der Karte ein Geschenk, nicht nur eine Nachricht. Und dann die Koalabären – die Person, die diese Karte geschickt hat, muss uns gut gekannt haben. Meine Eltern waren nämlich in Australien gewesen und hatten zwei Koalas mitgebracht: ein lebensgroßes Kuscheltier, mit einer schwarzen Nase und mit Krallen aus Plastik, und einen kleinen, aus Holz geschnitzten Bären. Mein Bruder und ich haben jahrelang an Weihnachten diese Koalas hin und her getauscht.

Den geschnitzten Koala habe ich immer noch. Er sitzt wie ein Minibuddha auf einer Kommode hier im Zimmer und schaut gelassen zum Fenster und zu den späten Schmetterlingen draußen. Viele Jahre war er für mich eine Art Stellvertreter meines verlorenen Bruders, die Verkörperung des Verlusts. Wenn ich zu traurig war, um ihn anzusehen, verstaute ich ihn in einer Schublade. Und dann holte ich ihn wieder heraus.

Simrishamn, 13. März

> Lieber »Gurre«, wie geht es dir jetzt? Hoffentlich gut. Hier ist alles in Ordnung, aber du fehlst mir schrecklich! Ich habe nun vierzig Kinder, um die ich mich kümmern muss. Viel Arbeit! Macht aber auch Spaß. Ich rufe dich bald mal an. Sei umarmt, [unleserlich] Britt.

»Gurre« – das war der Kosename meines Bruders, als er noch ganz klein war. Aber wer ist Irgendwas-Unleserliches-Britt? Gun-Britt ist der einzige Name, der mir einfällt – sie muss ein vergessenes Kindermädchen oder Au-pair sein. Säuberliche, altmodische Schrift. Bestimmt hat meine Mutter in Lund diese Postkarte in *Storm Over Jamaica* gelegt und das Buch dann in unser Sommerhaus mitgenommen, um es dort zu lesen. Als sie das Haus für meinen Bruder hergerichtet hat, stellte sie alte Bücher ins Regal, darunter auch *Storm Over Jamaica* (wer liest das jetzt?), samt Postkarte. Eine Nachricht vom Jetzt an Später, an das Land des Unwissbaren. Ich stehe in der Zukunft, die Karte in meiner Hand.

Zwischen den Zeilen lese ich, dass mein Bruder krank gewesen war, wie so oft: *Wie geht es dir* jetzt? Meine Mutter war oft sehr besorgt, daran erinnere ich mich. Dunkle Ängste, die ihre Depressionen nach dem Tod ihrer Eltern noch verstärkten. Aber selbst in ihren schlimmsten Zukunftsbildern wäre ihr dieses Land des Jetzt unvorstellbar gewesen.

Storm Over Jamaica wurde verfilmt und kam 1958 in die Kinos. Im selben Jahr haben meine Eltern geheiratet. Vielleicht haben sie sich den Film zusammen angesehen.

Ich finde ihn online. Auf der Website hat er die Tagline: *Ein Insel-Paradies … in dem unter der Tropensonne alle menschlichen Gefühle enthüllt werden*.

Meine Eltern hätten das amüsant gefunden.

»Tropic sun« steht da. Auf dem tatsächlichen Filmplakat heißt es, korrekterweise, *»tropical sun«*.

Der erhobene Zeigefinger, immer wieder. Ich weise zurecht, ich korrigiere, während ich lese.

*

Am 10. März 2012 schrieb Eva mir zum letzten Mal. Streng juristisch gesehen, war es ihr nicht mehr erlaubt, mit mir Kontakt aufzunehmen, aber ich war trotzdem froh, dass sie sich meldete: In ihrer E-Mail lag ein Hoffnungsschimmer. Ein Hauch von Zukunft. Sie schrieb, dass sie nach Amerika ziehen wolle, um bei ihrer Schwester zu wohnen. Sie werde wieder ihren Mädchennamen annehmen: Kemeny. »Von deiner Schwägerin«, unterschrieb sie, »Eva Rausing – aber nicht mehr lange!«

Und zum ersten Mal seit einer Ewigkeit sagte sie etwas Nettes:

> Eins weiß ich ganz genau, Sigrid, nämlich dass
> du von deinem Bruder tief und aufrichtig geliebt
> wurdest. Bestimmt lieben dich auch viele andere
> Menschen, aber ich weiß mit absoluter Sicherheit,
> dass dein Bruder dich sehr geliebt hat.

Das allein schon fühlte sich an wie der erste Schritt zur Genesung.

Zwei Monate später war sie tot.

Aber ich denke trotzdem, sie ist in dieser Verfassung nach Malibu gegangen.

Ich möchte gern glauben, dass sie auf ein neues Leben hoffte. Aber als es dann so weit war, schaffte sie es nicht und blieb stattdessen die ganze Zeit in ihrem Zimmer, bis sie aufgefordert wurde zu gehen, weil sie Drogen eingeschleust hatte.

Eine Valium.

Wenn es so stimmt.

Wo war mein Bruder während der ganzen Zeit?

Ich weiß es nicht.

Er war wie ein Bär im Winterschlaf, tief in seiner Sucht vergraben.

*

Jeder Sommer ist anders, und jeder Sommer ist gleich.

Meine Notizen verschmelzen; ich bemühe mich, die Jahre auseinanderzuhalten.

Ich bin allein. Das Meer ist ruhig heute; der Wind hat sich gelegt. Zum ersten Mal überhaupt habe ich die Kirchenglocken gehört, ganz in der Ferne.

Ich gehe über die Wiese, durch die Herde junger Kühe. Wenn ich sie nicht anschaue, bleibe ich unsichtbar; sie glotzen mich an, sehen mich aber nicht. Ich gehe mit gesenktem Kopf.

Gestern Abend hat es immer wieder gedonnert, ein leises Grollen, letztlich ohne Konsequenz. Das Wetter ist nicht umgeschlagen; die Hitze hält an. Ich schlendere den Strand entlang, auf den unmarkierten Pfaden meiner Kindheit. Manchmal mache ich halt, um schwimmen zu gehen. Ich ziehe mich aus und packe meine Kleider zu einem Bündel zusammen, meine Uhr verstaue ich in einem Schuh. Ich starre auf das kalte, dunkle Wasser, auf Klippen und Steine, Seetang, Krebse und riesige orangegelbe Quallen, die aussehen wie Feuerkugeln.

Über mir fliegen Gänse. Ich lasse mich auf die natürliche Stufe hinunter, setze mich auf den Stein. Ich greife nach den Büscheln aus glitschigem Seegras und stoße mich ab. Manchmal habe ich Angst. In der Nähe rüttelt eine Seeschwalbe – neulich hat sie mich angegriffen, jetzt ignoriert sie mich und jagt im seichten Wasser. Ich schwimme durch die Bucht, fühle mich aber im samtig dunklen Wasser immer wieder unsicher.

Vielleicht ist das meine Strategie: Ich konkretisiere meine Angst; ich strenge mich an, bis zur Erschöpfung, um körperlich zu spüren, was meine Seele quält.

Es ist ein heißer Tag. Wir schwimmen vom Steg los. Im Wasser ist ein großer grauer Stein, der aber irgendwie komisch aussieht. »Oh-oh«, macht Eric, bevor ich begreife, was los ist. Das ist gar nicht gut: ein toter Seehund, Bauch nach oben, fast ans Ufer gespült. Wir rufen bei der Verwaltung an. Man werde später vorbeikommen, eventuell, sagen sie, wobei sie das »eventuell« betonen.

Nach dem Mittagessen schaue ich mir den Seehund noch einmal an, durch mein Fernglas. Er ist zur anderen

Seite des Stegs getrieben worden. Menschen schwimmen dort, ohne ihn zu beachten. Auf seinem Bauch hat sich eine eigenartige rote Rose entfaltet. Sind das etwa die Genitalien des Seehunds? Ich schaue genauer hin und sehe: rote Innereien quellen aus dem aufgetriebenen Bauch, in einer engen Spirale.

*

Am 5. Februar 2014, einem Mittwoch, habe ich Hans das erste Mal seit dem 15. Juni 2008 wiedergesehen.

Ich blicke auf die Daten. Die Jahre scheinen so undurchdringlich wie dichter grauer Schnee, der schmilzt und wieder neu gefriert. Ich bekomme sie nicht zu fassen.

War das alles mein Leben?

Ich habe meinen Bruder fast sechs Jahre lang nicht gesehen. Während der ganzen Zeit haben wir zwar miteinander kommuniziert, aber nur sehr beschränkt. Er hat sich von mir entfernt, und vielleicht habe ich ja auch angefangen, ihn loszulassen.

Jetzt werde ich ihn also wiedersehen: Hans hat mich und meine Mutter zum Mittagessen eingeladen. Sie kam von Sussex hoch; ich von unserem Haus in London; wir hatten vereinbart, uns außerhalb seiner Mietwohnung zu treffen. Ich befürchtete, ich könnte zu spät kommen, weil die U-Bahn an dem Tag streikte. Hans hatte ebenfalls Angst, er würde sich verspäten.

Er schickte mir eine SMS. »Park Lane ist total verstopft.« Oder so ähnlich. »Stecke im Stau, komme vielleicht zu spät.«

»Ich auch!«, schrieb ich zurück. Dieses freundliche Ausrufezeichen. Wie schön, dass wir endlich wieder im selben Boot sitzen.

Letzten Endes kam keiner von uns zu spät. Meine Mutter wartete in ihrem Auto, als ich vorfuhr. Ihr Fahrer öffnete die Wagentür, ich half ihr beim Aussteigen. Ich musste an all die kathartischen Familiensitzungen 1989 in der Suchtklinik denken. *Gott, gib mir die Gelassenheit, Dinge hinzunehmen, die ich nicht ändern kann, den Mut, Dinge zu ändern, die ich ändern kann, und die Weisheit, das eine vom anderen zu unterscheiden*, sprachen wir gemeinsam, Sonntag für Sonntag, und ein Hauch von Verbitterung und Fassungslosigkeit erfüllte den Raum.

Und da waren wir nun, fünfundzwanzig Jahre später. Meine Mutter hatte, so typisch für ihre Generation, ihre ganze Willenskraft mobilisiert, angesichts dieses wichtigen Treffens nach Jahren der Abwesenheit. Hans war inzwischen mehr als nur ihr Sohn und mein Bruder. Er war zu einem Symbol geworden: das undurchdringliche Zentrum der vielen schlaflosen Jahre, voller Chaos, Schmerz und Qual. Meine Erfahrung mit Hans glich dem mittelalterlichen Konzept der zwei Körper des Königs: Da ist der dynastische, repräsentative Körper, das heißt, die dauerhafte, abstrakte Macht des Königs – und der natürliche Körper, der sterbliche Körper, der den Gesetzen des Verfalls unterliegt. So ähnlich hatte Hans in meiner Vorstellungswelt eine Doppelgestalt angenommen. Er war ein kennbarer Mensch, und er war die Verkörperung von fünfzehn Jahren Dysfunktion.

Wir klingelten und wurden von einem jungen Mann eingelassen, einem Betreuer, vermutete ich, höflich und diskret. Ich war froh über seine Anwesenheit, obwohl er verschwand, sobald unsere Mäntel versorgt waren; der Gehstock meiner Mutter, verloren und wiedergefunden.

Ich sah Hans.

Ich umarmte ihn behutsam. Ich hatte ganz vergessen, wie groß er war, was für ein Schrank, wie massiv. Seine Haare waren grauer und etwas schütter. Er trug eine grüne Tweed-Jacke, war sehr blass, mit einem leichten Stoppelbart. Seine Hände zitterten.

Wir gingen eine steile Treppe hinauf. Hans musste meiner Mutter helfen, Stufe für Stufe. Schieben, ziehen. Sie war schon unter günstigeren Bedingungen schlecht zu Fuß, aber diese Treppe überforderte sie fast. Laute Musik war zu hören, eine Schallplatte. »Ich habe alle meine alten Platten wiedergefunden«, erklärte Hans fröhlich. »Sie sind in perfektem Zustand.«

Am Ende eines langen Flurs hing ein Foto von Marilyn Monroe und vielleicht auch ein Andy Warhol.

Hans stellte die Musik leiser. Wir nahmen Platz und unterhielten uns eine Weile.

Ich konnte seine Bemerkung über die Schallplatten nicht richtig einordnen. Wollte er damit sagen, dass er den Weg zurück in sein altes Leben gefunden hatte und dass dieses Leben immer noch da war, intakt? Dass es auf ihn gewartet hatte?

Spekulationen, ich weiß. Ach, es gab so viel zu spekulieren. Ich schaute mich nach Indizien um. Und diese Indizien – Andy Warhol und Marilyn Monroe, laute Musik – sind ja keineswegs neutral, sie können Hinweise auf Drogen enthalten, auf das Berühmt-berüchtigt-Sein, auf Leben und Tod. Man kann sich in diesem Kontext nicht so ohne weiteres einreden, dass sie nichts zu bedeuten haben.

Aber meine Art, alles genau zu beobachten, ist ihrerseits ja auch ein Indiz. Dessen bin ich mir bewusst. Es geht um seine Sucht – aber auch um meine.

Wir redeten über dies und das. Wir redeten über nichts Bestimmtes. Das emotionale schwarze Loch, dieses dichte physikalische Feld, stellte sich als verblüffend nichtssagender Ort heraus. Da gab es Fisch und Sorbet, Wasser (mit oder ohne Kohlensäure) und einen kleinen Pappbecher voller Tabletten für meinen Bruder. Einen Moment lang verlagerte sich der symbolische Mittelpunkt auf diesen kleinen Becher, der, so vermute ich, genug Morphinpillen enthielt, um mich oder meine Mutter bis zum nächsten Morgen durchschlafen zu lassen. Die morphingestützte Entgiftung geht sehr langsam voran – das muss so sein, um eine Schädigung der Nerven zu vermeiden.

Wir tranken Kaffee, serviert von denselben Angestellten wie früher – sie waren immer noch da, nach all den Jahren.

Hans musste um halb drei weg.

Meine Mutter und ich gingen zusammen. Schweigend standen wir bei ihrem Wagen. Es hätte so viel zu sagen gegeben, und wir hatten nichts davon gesagt. Wir waren in unsere typischen Verhaltensmuster zurückgefallen: Höflich hatten wir das Wasser weitergereicht, den Fisch gelobt, in kleinen Schlucken unseren Kaffee getrunken.

»Er war nervös«, sagte meine Mutter unvermittelt. »Das dürfen wir nicht vergessen.«

*

Im Herbst 2012 erhielt ich eine Mail von einem Absender, den ich nicht kannte. Er habe mir etwas zu mitzuteilen, schrieb er, es gehe um Eva. Da fiel mir ein, um wen es sich handelte, und nach kurzem Zögern erklärte ich mich einverstanden, ihn an seinem Arbeitsplatz in der Nähe von Piccadilly Circus zu treffen.

Es war sechs Uhr abends, das Büro leer, bis auf meinen E-Mail-Korrespondenten, einen erschöpft wirkenden Mann zwischen fünfzig und sechzig. Wir redeten. Eva sei paranoid gewesen, sagte er. »Aber ich mochte sie. Eine kluge junge Frau. Ich hatte irgendwie Mitleid mit ihr. Und wir haben ja alle Drogen genommen, stimmt's?«

Ich nickte stumm. Er redete weiter. Eva musste Urinproben abgeben, sagte er. Also sprang seine Frau für sie ein. Sie musste dafür irgendein anderes Mittel nehmen, das Eva einnahm, und abwarten, bis die Substanz verstoffwechselt wurde, ehe sie in den Becher pinkelte.

Diese Urintests müssen Teil der »Rehabilitationsmaßnahmen« gewesen sein, die Richter Timothy Workman Eva 2008 als Auflage erteilt hatte. Diese »höchst vernünftige Entscheidung«, die nichts gebracht hatte. Das heißt, nicht nichts: ein Paar, das in einem prachtvollen Palast wartete; unbekannte Drogen, die im falschen Körper verstoffwechselten. Es muss ihnen etwas bedeutet haben, nehme ich an. Eine fehlgeleitete Form von Loyalität oder ein Freundschaftsdienst oder beides. Oder noch mehr.

»Sie hat mir diesen Umschlag gegeben. Ehrlich gesagt – ich will ihn unbedingt loswerden, ich will nichts mehr damit zu tun haben. Ich mag Ihre Familie, und ich möchte keinen Ärger. Diese Papiere belasten mich. Hier sind sie.«

Der Umschlag war geöffnet. Ich schaute den Mann fragend an, seine müden Augen, seine graumelierten Haare.

»Ja – ich habe alles gelesen. Das verstehen Sie sicher.«

Ich nahm den Umschlag entgegen, spähte hinein und bedankte mich. Dann ging ich die Treppe hinunter und hinaus auf die Straße. Stumm wanderte ich noch eine ganze Weile durch das frühherbstliche Zwielicht, bis Eric mich abholte.

Im Auto zeigte ich ihm die Papiere.

Es war eine Fotokopie mit den Namen und Kontaktdaten sämtlicher schwedischen Minister von 2009. Außerdem ein weißes Blatt mit Evas persönlichem Briefkopf sowie ein leerer Briefumschlag. Und ein gedruckter

Brief auf weißem Papier, in dem wieder einmal mein Vater fälschlich beschuldigt wurde; eine Anschuldigung, die nichts mit Olof Palme zu tun hatte.

Eva beendete ihren Brief mit den Worten: »Ich bedaure es, dass ich mich zu dieser Tat gezwungen sehe, aber Hans Rausing hat mir großes Leid zugefügt, und ich glaube, er verdient es, eingesperrt zu werden, wenn nicht für das, was er mir angetan hat, dann doch dafür. Ich wünsche Ihnen alles Gute und helfe Ihnen gern, falls Sie meine Hilfe benötigen sollten.«

Ich habe keine Ahnung, ob sie diese Papiere je abgeschickt hat und – falls ja – wann und an wen.

Ich frage mich immer noch, warum Eva so wütend war auf meinen Vater – warum dieser rasende Groll gegen jemanden, der immer gut zu ihr war. Sie hatte ein völlig verzerrtes Bild von seiner Macht und von der Macht des Geldes überhaupt. Seine patriarchale, konservative Haltung kollidierte mit ihrem jugendlich rebellischen Geist.

Ich denke an Patty Hearst mit ihrem Maschinengewehr, und im Gefängnis wollte sie dann einen Eyeliner haben. Heißt es jedenfalls.

*

Im Sommer 2014 fuhren Eric und ich mit der Fähre nach Dänemark, weil wir uns im Louisiana, dem Kunstmuseum an der Küste nördlich von Kopenhagen, die Emil-Nolde-Ausstellung ansehen wollten. Es war eine ganz besondere Ausstellung, aufwühlend und beeindruckend. Eric, der gegen Nolde Antipathien hegt wegen dessen unentschiedener Haltung gegenüber dem Nationalsozialismus, wanderte draußen auf dem Gelände herum. Ich stand also allein vor dem Gemälde *Verlorenes Paradies* (1921).

Adam und Eva, klobig und bar jeder Anmut, sitzen nackt auf dem Boden, Seite an Seite. Ihre Augen haben dieses eigenartig durchdringende Nolde-Blau, fast kein Weiß. Zwischen ihnen schlängelt sich die Schlange einen lilafarbenen Stamm hoch. Ein Löwe im Hintergrund bleckt die weißen Zähne, mit hungrig grimmiger Miene.

Der Gesichtsausdruck von Adam und Eva ist so verblüffend, dass mir zuerst gar nicht auffiel, wie dissonant die Farben sind, wie schrill die rote Erde und der lilafarbene Stamm aufeinanderprallen. Es gibt keinen Zweifel – die beiden sind verloren: Ich habe den Sündenfall noch nie besser dargestellt gesehen als durch ihre stummen, starren Blicke, ihre weit aufgerissenen Augen, den unübersehbaren Schrecken, die sprachlose Dickköpfigkeit.

Sie hatten kaum ihre glückselige Wohnstatt verlassen, da befiel sie lähmendes Entsetzen, steht in meiner alten jüdischen Enzyklopädie von 1901.

Weil sie das irdische Leben nicht kannten und mit den Tageszeiten so wenig vertraut waren wie mit dem Wechsel des Wetters – im Paradies hatte ewiges Licht sie umhüllt –, fürchteten sie sich, als das Dunkel der Nacht über die Erde hereinbrach, und Gottes Wort musste ihnen die neue Ordnung der Dinge erläutern. Von dem Augenblick an begannen die Mühen des Lebens. Adam und Eva hatten Angst, die irdische Nahrung zu essen, und sie fasteten die ersten sieben Tage nach der Vertreibung aus dem Paradies, wie das talmudische Gesetz es vorschreibt vor einer drohenden Hungersnot.

Eva wirkt auf dem Bild noch etwas blinder als Adam, sie starrt, ohne etwas wahrzunehmen – wie hypnotisiert oder unter Schock. Adam blickt nach links, seine Angst scheint größer, aber auch sein Bewusstsein. Die Schlange wirkt töricht und betrunken, der finstere Löwe kommt näher.

Das war auch die Geschichte von Hans und Eva: in Versuchung geführt von der Schlange im Paradies, dann vertrieben. Aber bei ihnen war es nicht der Wunsch nach Erkenntnis, der sie in Versuchung führte. Die Menschheit, so denke ich, wird dadurch erlöst, dass für Adam und Eva die Versuchung der Wunsch nach moralischer Erkenntnis war: Sie wollten lernen, zwischen Gut und Böse, zwischen Richtig und Falsch zu unterscheiden. Für Hans und Eva hingegen war es der Wunsch nach etwas, wodurch das Paradies noch paradiesischer werden sollte, etwas, das nicht zu Erkenntnis und Klugheit führte, sondern zu glückseliger Bewusstlosigkeit.

Eva wurde von der Schlange in Versuchung geführt,

und die Schlange sagte zu ihr: Wenn sie und Adam von der verbotenen Frucht essen, dann werden ihnen die Augen geöffnet, und sie werden *»sein wie Gott und wissen, was gut und böse ist.«* (1. Mose 3,5).

Hans und Eva aßen von einer verbotenen Frucht, um ins Paradies zurückzukehren und um die erlernten moralischen Differenzierungen zu vergessen.

Amnesie ist das Herzstück der Drogensucht.

Sie schwebten im Vergessen, hervorgerufen durch Heroin, und in der Euphorie, hervorgerufen durch Crack und Kokain, und sie wollten nicht hinaus, sondern hinein. Sie waren im Exil und suchten eine Heimat. Die Drogenhöhle, die Blase, war ihr Garten Eden.

*

Letzten Sommer habe ich auf dem Feldweg, der ein Stück weit an der Wiese entlanggeht, eine Natter gesehen. Manchmal radeln wir auf diesem Weg ins Dorf, vorbei an den aufgereihten kleinen Sommerhäusern, die mir alle so vertraut sind wie die Decke im Sprechzimmer meines Psychoanalytikers mit ihren zufälligen Punkten, die ich zu traurigen Vierecken verbinde, während ich rede und rede. Ich war nun zu Fuß auf dem Heimweg. Da war das Farmhaus mit der französischen Fahne und der Glasfront aus den sechziger Jahren, dann das Glashaus, in dem die Eltern eines alten Freundes immer noch ihre Sommer verbringen. Ich ging mit gesenktem Blick, weil ich nicht gesehen werden wollte.

Da tauchte aus der Steinmauer hinter ein paar Rosen diese Natter auf. Sie war über einen halben Meter lang, schmal und flink, mit einem exakten olivgrünen Rautenmuster auf dem Rücken, und aus dem strichähnlichen Maul schnellte blitzartig eine kleine Zunge.

Habe ich die Zunge tatsächlich gesehen?, frage ich mich jetzt. Aber ich sehe sie vor meinem inneren Auge, da, auf dem warmen Feldweg, ich sehe die Steinmauer, dahinter das Glashaus.

Eric und ich gingen ein paar Tage später denselben Weg entlang, und ich erzählte ihm von der Natter. Ich erwartete nicht, dass ich sie sehen würde – aber da war sie wieder, an derselben Stelle, dieselbe Kreatur mit dem olivgrünen Rautenmuster, auf dem warmen Sand. Wir klammerten uns aneinander, wie Hänsel und Gretel im Wald, und lachten etwas hysterisch über unsere Schreckhaftigkeit, wir lachten über mich, über meine angebliche Naturverbundenheit und Furchtlosigkeit, und wir lachten über ihn, über seinen Männermut, der plötzlich weg war, über seinen ironischen Luftsprung.

Die Schlange glitt davon. Aber sie blieb mir im Kopf, eine Bedrohung – warum war sie mir erschienen, zwei Mal?

Ich musste daran denken, wie meine Mutter bei uns daheim zwischen den Büschen harkte, weil jemand dort eine Natter entdeckt hatte. Mein Vater stand daneben, Gewehr bei Fuß, im wahrsten Sinn des Wortes. Es gibt ein Foto von dieser Szene: Meine Mutter hat ein langes türkisblaues Kleid an, mit einem verrückten Muster, typisch siebziger Jahre, und Plastikperlen auf den weiten Ärmeln. Kurze Haare, Dauerwelle. Mein Vater trägt ein kurzärmeliges Hemd und einen Panama-Hut. Die Natter haben die beiden nie gefunden.

Aber der Tod lauert selbst an diesem schönen, wilden Ort (unser Pointer schleppt sterbende Kaninchen an, deren Augen von Myxomatose verklebt sind; der tote Seehund, die roten Eingeweide zu engen Spiralen verschlungen). Und Ekel (wenn ich die Hand in das Loch im Boden stecke, um den Hahn für den Brunnen aufzudrehen, und überall wuseln Ohrwürmer).

Die Schlange war real. Das olivgrüne Rautenmuster auf dem Feldweg, die Steinmauer, das Haus dahinter: Die Schlange war weder ein Symbol noch eine Botschaft. Sie hatte keine *Bedeutung*, sie war einfach nur *da*. Das darf ich nicht vergessen. Die Schlange hatte ihre eigene Welt, ihre eigene Agenda, die sich vermutlich um Nahrung drehte, um Gerüche, um Gefahren, um die angenehme Wärme des Feldwegs.

Ich will die Schlange sehen, bevor sie mich sieht, ich will einen Blick in diese andere Welt werfen können.

*

Im Sommer 2015 nahm mich ein Freund mit in Anne Carsons Version der *Bakchen* des Euripides. Es war eine Inszenierung im Almeida Theatre in Islington. Die Bakchen – oder Mänaden – sind die Anhängerinnen des Dionysos (der den Beinamen Bakchos trägt, latinisiert zu Bacchus). Enthemmt und mordlustig folgen sie dem Dionysos in eine Orgie der Zerstörung. König Pentheus wird von seiner eigenen Mutter, Agave, getötet, er wird grausam in Stücke gerissen – Agave hat sich dem Kult angeschlossen, und Dionysos will ihr Schmerz zufügen, sie mit Schuldgefühlen und letztlich mit Exil bestrafen, weil sie nicht an ihn glauben wollte und ihn missachtet hat.

In dem kleinen Theater saßen wir direkt vor der Bühne. Gegen Ende des Stücks wurden die Teile von Pentheus' zerfetztem Körper zusammengefügt und auf eine blaue Abdeckplane gelegt. Ich erstarrte. Die blaue Plane. Die Leichenteile.

In der Nähe des Theaters, das sich in der Upper Street in Islington befindet, gibt es jede Menge Bars. Leute standen draußen im Freien herum und tranken, jemand hatte auf den Gehweg gekotzt. Wir gingen immer schneller, bis ich ein Taxi erwischte und einstieg. Meinen Freund, der in die andere Richtung musste, ließ ich einfach auf der Straße stehen.

Ich hatte ein schlechtes Gewissen.

Erst später stellte ich die Verbindung her: Das Stück, die Straße, die trinkenden Menschen – das alles hatte mich völlig durcheinandergebracht.

Erst später konnte ich mir verzeihen, dass ich so abrupt und ohne Abschied verschwunden war.

*

Ich denke an meinen lieben Hund Leo. Der Tierarzt gab ihm eine Spritze ins Bein, und Leo starb in meinen Armen.

Ich saß mit ihm auf den Stufen vor der Küche. Von dort habe ich den Kindern morgens zum Abschied immer zugewinkt, mit Leos Pfote. Ich gab ihm kleine Fleischstückchen zu fressen, er nahm sie ganz vorsichtig, ganz langsam. Er war taub und fast blind.

Der Arzt gab ihm die Spritze, ein Zittern durchbebte ihn, und er war tot.

Der Wind wehte über sein Fell, die Haare bewegten sich im Luftzug, und Leo schien lebendig, ganz lange noch.

Wir hüllten ihn in ein Laken. Ich konnte die Vorstellung, dass er allein in der dunklen, kalten Erde liegen würde, nicht ertragen, also lag er in seinem Laken neben dem Grab, das wir ausgehoben hatten. Ganz lange noch.

Ich musste sicher sein, dass er nicht mehr da war.

Wir leben, und dann sterben wir.

Die Dinge enden.

18

Mein Leben besteht aus Räumen. Ich gehe von Raum zu Raum, und jede atmosphärische Veränderung ist irritierend. In jedem Raum erzähle ich die Geschichte.

Die Räume sind echte Räume, die Räume sind verschiedene Sprachen, die Räume sind verschiedene Beziehungen.

Ich sehe meine Komplizenschaft, meine Schuld. Ich sehe meine Müdigkeit, meine Hoffnungslosigkeit, meine falsche moralische Überlegenheit, meinen erhobenen Zeigefinger. Ich bereue alles.

Ich sehe meine Schuld, ich sehe die Schuld der anderen. Wir sind alle schuldig, wir sind alle Mittäter.

Manche Leute bieten Vergebung an: Ihre Versuche, mich zu trösten, ihre ungeschickten, gutgemeinten Ratschläge sind mir peinlich:

Du hast getan, was du kannst.

Was wäre aus den Kindern geworden ohne euch.

Was für ein Glück, dass sie euch hatten.

Meine Reaktion ist unangemessen, ich weiß, aber ich will, dass alle verstehen, was die Kinder durchmachen mussten. Natürlich wäre es für sie ohne uns noch schlimmer gewesen. Aber von »Glück« kann man kaum reden.

Ich versuche, die Katastrophe zu verstehen, diese eigenartige Verkehrung des Reichtums: hier die grandiose Stadtvilla mit Ölgemälden und Marmor, mit Farbeffekten und Chintz-Vorhängen, mit gediegenen Sofas, alten Teppichen, viktorianischen Schreibtischen und georgianischen Sesseln. Starke Messingstangen, die auf den Stufen die Läufer sichern, die üppigen, schönen Treppenläufer.

Diese starken Messingstangen.

Und im Innern des soliden Wohlstands, im Innern dieser etwas spröden Mischung aus neu und alt, befindet sich eine Drogenhöhle.

Ein verriegelter Raum.

*

Irgendwann in diesem Herbst 2012 sah ich eine Dokumentation über Verwesungsprozesse in einem geschlossenen Raum, sichtbar hinter Glas. Es wurden ganz verschiedene verfaulende Substanzen gezeigt, und die Kamera ging von einer zur andern. Wie aus dem Nichts tauchten Insekten auf, Leben aus dem Tod. Ich war müde, die Experimente waren halbwegs interessant. Und dann wurde die Aufmerksamkeit auf den Kadaver eines auf der Seite liegenden Schweins gelenkt. Plötzlich begann ich hemmungslos zu weinen, während der Körper des Schweins zerfiel. Ich machte den Fernseher aus. Ich war allein im Haus, bis auf meinen schlafenden Neffen.

Ich rief Eric an und schluchzte so heftig, dass ich kaum ein Wort herausbrachte. *Wie können sie nur*, stieß ich hervor.

Wie können sie nur so was im Fernsehen zeigen?

Ich merkte gar nicht, dass meine Reaktion ungewöhnlich war.

Und dann begann, ganz allmählich, eine neue Phase. Wie die Morgendämmerung an einem bewölkten Tag: Man hat das Gefühl, die Nacht will nicht weichen, doch auf einmal merkt man, wie das Dunkel weicht, wie es sich auflöst.

Da sind meine Schwester und ihr Mann. Da ist mein Mann. Da sind meine Eltern. Wir schauen einander an. Wie bleich wir alle sind. Wie angespannt unsere Gesichter. Wir sitzen im Kreis, in einer Höhle. Auf der Höhlenwand sind nur Schatten zu sehen, das wirkliche Leben findet anderswo statt, draußen.

Einer nach dem anderen krabbeln wir hinaus ins Freie, blinzeln im Sonnenlicht. Wir atmen die Morgenluft, wir stehen auf, mit wackeligen Beinen.

Diese zwölfjährige Episode hochgradiger Angst, mit Gerichtsverhandlungen, Sozialarbeitern und Anwälten und Richtern, mit selbsternannten Experten und Psychiatern, beleidigenden Briefe, Sorgen und Scham, in ständiger Alarmbereitschaft – das alles scheint schon jetzt nicht mehr real.

*

Ich erzähle meinem Vater, dass ich ein Buch schreibe über das, was passiert ist. Es ist Sommer; er sitzt in seinem Schaukelstuhl, liest, blickt hinaus aufs Meer, hält Ausschau nach den Hasen.

»Gut«, sagt er und deutet auf die Wiese, auf das Meer. »Dann sind es nicht nur Fragmente, wie ein Traum.«

Ich versuche, den Text abzuschließen, aber etwas fehlt. Ich fürchte, ich habe ihn zu oft überarbeitet – das wirkliche Leben war so viel qualvoller und verwirrender und zermürbender als dieses Buch. Du schreibst und schreibst. Du feilst, du redigierst. Jede Version führt dich an einen anderen Ort, du verarbeitest die Erinnerungen, immer und immer wieder.

Dies hier ist eine Repräsentation der Geschichte, nicht die Geschichte selbst.

Ich denke über den Anfang nach: »Nun, da alles vorbei ist, merke ich, wie ich immer wieder über die Familiengeschichte und über Familienerinnerungen nachdenke, über die Erzählungen, die eine Familie zusammenhalten, und die Handlungen, die sie zerreißen können.«

»Nun, da alles vorbei ist« – welche Hoffnungen ich hatte! *Ist doch die Rede ein Walzwerk, das die Gefühle streckt.*

Aber trotzdem: Mein Bruder ist wieder verheiratet, es geht ihm besser. Er baut die Beziehung zu seinen Kindern wieder auf. Und zu uns allen.

*

Daniel feiert seinen Schulabschluss. Mein Bruder kommt; Lisbet und Peter kommen. Daniels Vater ist auch da, mit seiner neuen Frau. Daniel spielt Fußball mit seinen Freunden, sie schießen den Ball gegen die Ruine der Klostermauer; sie posieren ständig für irgendwelche Fotos, sie grinsen verwundert, fast als wären sie schockiert, dass der sagenumwobene Tag jetzt tatsächlich Wirklichkeit geworden ist.

Das ist mehr, als wir zu hoffen gewagt haben, diese Atempause, diese fröhliche Szene. Die Mauersegler schweben im Wind, mein Bruder lehnt sich in seinem grünen Klappstuhl zurück, eine Olive in der Hand, dann ein Stück Mozzarella; er unterhält sich mit meinem Exmann über eine Klinik in Österreich, die sie beide kennen; sie lachen. Ich horche auf das Echo längst verhallter Gespräche – Gespräche, die wir geführt haben, als ich mit meinem Exmann verheiratet war und mein Bruder mit Eva, und wir die Menschen, mit denen wir jetzt verheiratet sind, noch gar nicht kannten und sie einander auch nicht.

*

Etwa einen Monat davor hatten Eric und ich uns die *Unfinished*-Ausstellung im neuen Met Breuer in New York angesehen. Ich war dabei, dieses Buch abzuschließen, und fand die Idee des Unvollendeten hochinteressant. Ich hatte mir vorgestellt, unvollendete Werke könnten genauso spannend sein wie vollendete und vielleicht sogar ergreifender – emotionaler, aufschlussreicher, ungeschliffen. Aber die meisten Bilder der Ausstellung – alle von berühmten Malern – erschienen mir seltsam leblos. Es fehlte dieses Element, das markiert, dass ein Kunstwerk abgeschlossen ist; das Unvollendete verlief im Sand.

Fast wünsche ich mir, ich hätte diese Gemälde nicht gesehen. Da war Klimts posthumes Porträt von Ria Munk, ganz ähnlich wie sein früheres Porträt von Adele Bloch-Bauer, die gloriose »Frau in Gold«, die jetzt nur ein paar Straßen weiter in der Neuen Galerie hängt. Die gleiche Pose, die gleiche Konstruktion. *Das Bildnis Adele Bloch-Bauer I* entstand 1907, also vor dem Ersten Weltkrieg; das Porträt der Ria Munk, die starb, lange bevor Klimt das Werk beenden konnte, stammt von 1917–18. Der Krieg tobte noch; in den Krankenhäusern und auf den Straßen überall erschöpfte, versehrte Soldaten; in Wien drohte eine Hungersnot. Das Gemälde wirkte wie ein skizzenhafter Pastiche, wie billige Ersatznahrung, Rationierung und Desillusion.

Da war John Singer Sargents Bild *Zwei Mädchen, mit Sonnenschirm*, 1888, die Gesichter leere Flächen, die Hände grob, wie Vogelschnäbel. Da war ein Selbstporträt von Lucian Freud, eine Bleistiftzeichnung, nur teilweise mit Farbe ausgefüllt, eine groteske Maske über den Knochen – ich denke an geschminkte Gesichter und kaschierten Tod, an den Prozess der Schöpfung und den Prozess des Verfalls.

Ich komme zu dem Schluss, dass ich mit dem Unvollendeten nicht durchkomme. Es genügt nicht: Ich muss alles verknüpfen, muss die Fäden vernähen.

Aber ich mag auch die Tradition des Nachforschens, der Analyse – wenn Kinder ihre Spielsachen auseinandernehmen, um den Mechanismus zu begreifen, die Einzelteile auf dem Teppich, die fehlenden Stücke.

Vielleicht kann das Buch auch deswegen nicht fertig werden, weil ich mich nicht entscheiden kann, welche Tradition mir lieber ist und wo ich hingehöre.

Vor allem aber zögere ich, es in die Welt zu entlassen und das traurige Vermächtnis noch einmal zerpflücken zu lassen. Lieber vergessen. Vielleicht.

Doch dann bleibt mein Buch unvollendet, wie die Bilder der Ausstellung. Und man wird nie wissen, dass vor langer Zeit Eva und ich nebeneinandersaßen und eins der Kinder hinter uns spielte, ein Mädchen, das den Kopf zurückwarf und hinauf in den Himmel schaute.

»Das bin ich!«, ruft meine älteste Nichte, als ich ihr das Foto zeige und sie frage, ob sie mir sagen kann, wer das Kind ist. Nun weiß ich also. Es muss irgendwann im Jahr 1999 oder 2000 gewesen sein. Der Beginn von Evas Rückfall. Er ist noch unsichtbar; bald werden wir es wissen.

Nachwort

Während ich dieses Buch geschrieben habe, wurde Tod durch Drogenüberdosis die häufigste Todesursache in der USA. Auch in Großbritannien sterben jedes Jahr Tausende durch Drogenkonsum. Nicht alle, die durch Drogen sterben, sind süchtig, aber vermutlich die meisten, und sie hinterlassen eine Spur der Trauer und Zerstörung. Gebrochene Versprechen, zerbrochene Familien, zerstörte Leben. Dieses Buch ist für die Menschen, die zurückbleiben.

Gewidmet ist es den vier Kindern von Hans und Eva. Aus rechtlichen Gründen können sie im Buch selbst nicht genannt werden. Das ist einer der viele Gründe, warum dieser Text so unvollständig und unvollendet bleibt, wie er ist, da diese jungen Menschen, zusammen mit meinem Sohn Daniel, ein unauslöschlicher Teil meines Lebens waren und sind.

Ich danke ihnen für ihre Geduld, ihren Humor und ihren Mut.

Danksagung

Vielen Dank:

Eric Abraham, Lisbet Rausing, Robin Desser, Simon Prosser, Albert Bonnier, Sarah Chalfant, Andrew Wylie, Stephen Grosz, Johanna Ekström, Rosalind Porter, Domonic Barber, Jennifer Kurdyla, Hermione Thompson, Emma Duncan, Hans Jürgen Balmes, Max Porter, Adam Nicolson und Elizabeth Wedmore.

Zitatnachweis

S. 5 George Orwell: 1984. Übersetzt von Michael Walter. Ullstein, 41. Auflage 2017.

S. 25 f. Time Rice / Andrew Lloyd Webber: Joseph and the Amazing Technicolor Dreamcoat. © 1969 The Really Useful Group Ltd.

S. 134 Burl Ives: Big Rock Candy Mountain. © 1949 Universal Music Corp.

S. 7 und 143 August Strindberg: Ein Traumspiel. Übersetzt von Christel Hildebrandt. Reclam 2013.

S. 176 Gustave Flaubert: Madame Bovary. Übersetzt von Maria Dessauer. Insel Verlag 2004.

S. 177 Sigmund Freud: Die Traumdeutung. S. Fischer Verlag 1989.

S. 180 f. Joan Didion: Spiel dein Spiel. Übersetzt von Margarete Eberhardt. Rowohlt 1995.

S. 186 Tom Springfield: The Carnival is Over. © 1965 Chappell Music Ltd.

S. 204 Charles Baudelaire: Das Paradies, der Geschmack und die Vernunft. Übersetzt von Wolfgang Schivelbusch. Fischer Taschenbuch Verlag 1980.

S. 213–218 Sigmund Freud: Das Unheimliche, in: Der Moses des Michelangelo. Fischer Taschenbuch Verlag 1993.

Sofern nicht anders vermerkt, wurden die Zitate von Adelheid Zöfel übersetzt.

Der S. Fischer Verlag dankt allen Rechteinhabern für die Abdruckgenehmigungen.
Da in einigen Fällen die Inhaber der Rechte trotz aller Bemühungen nicht festzustellen oder erreichbar waren, verpflichtet sich der Verlag, geltend gemachte Ansprüche nach den üblichen Honorarsätzen zu vergüten.